U0152401

筆 遇

增訂版

沈祖堯、潘誦軒

中文大學出版社

《筆遇》（增訂版）
　　沈祖堯、潘誦軒　著

© 香港中文大學 2018

國際統一書號（ISBN）：978-988-237-088-3

出版：中文大學出版社
　　　香港 新界 沙田 · 香港中文大學
　　　傳真：+852 2603 7355
　　　電郵：cup@cuhk.edu.hk
　　　網址：www.chineseupress.com

Pen Pals (expanded edition, in Chinese)
　By Joseph Jao-Yiu Sung and Nicholas Poon

© The Chinese University of Hong Kong 2018

ISBN: 978-988-237-088-3

Published by The Chinese University Press
　　　　　The Chinese University of Hong Kong
　　　　　Sha Tin, N.T., Hong Kong
　　　　　Fax: +852 2603 7355
　　　　　Email: cup@cuhk.edu.hk
　　　　　Website: www.chineseupress.com

Printed in Hong Kong

目 錄

1 初次相遇

鄭 序

　　這些年日，有幸能與兩位年輕人結為好友，暢談人生，乃一大樂事。這兩位年輕人，一位是我的學生誦軒，另一位是雖然年近花甲、但心境依然年輕的前任香港中文大學校長沈祖堯教授。

　　還記得幾年前我在一個會議上認識了沈教授，當時我心想：何不邀請他擔任我校畢業禮的主禮嘉賓？想不到那一次的偶遇，讓我有機會跟沈教授繼續聯絡，而在畢業禮上，沈教授又認識了當時代表畢業生致謝辭的誦軒。

　　兩代人惺惺相惜，發展出一段超越世代鴻溝的真摯友情。

　　從大學教育到感情世界，從父母恩情到師生關係，從足球到人生……沈教授與誦軒無所不談，而且透過筆尖，突破香港與澳洲

兩地的界限，將思想化為文字交流，也讓更多人有機會了解兩代人的心路歷程。《筆遇》一書告訴我們，縱然兩代人的成長歷程和環境各不相同，原來也可以坦誠相待，互吐心聲。

這幾年，我們的社會都在暴風雨中。

作為一校之長，面對現時年輕人的境況，我和沈教授都有一些共鳴 —— 如何與學生走過這動盪不安的日子？或許現今世代的年輕人並非要教化式的引導，而是需要同行者 —— 一些可以放下身段、與他們亦師亦友、能促膝詳談的人。聖經說：「對年輕的人要像對兄弟那樣。」（《提摩太前書》5章1節下）作為誦軒的校長兼師兄，我更喜歡以朋友的身份與他相處。兩代人相遇，年長的固然能分享人生歷練與智慧，但年輕人的抱負與動力亦不可輕看。從對方的眼睛，我們會看見更多。

著名物理學家愛因斯坦，在臨終前的一段日子曾經說過："Try not to become a man of success, but rather try to become a man of value."（不要為做一個成功人士而努力，而要為做一個有價值的人而努力。）兩個社會上成功的人，一個是大學校長兼醫學界知名的醫生，一個曾為傑出學生協會主席的未來律師，他們都沒有因自己的

成功而自傲，反而不約而同地反思自己、社會與人生，並矢志為社會、為新一代的年青人努力。

　　或許這就是人的價值所在。

英華書院校長

兼中大及英華校友

鄭鈞傑

2018 年 4 月

筆遇，再遇

　　人生的際遇，往往不是我們可以預計或操控。我們生命裡出現甚麼人物，誰會是我的生養父母，誰會成為我的終身伴侶，誰會當上我的良朋知己，誰會變成我的骨肉子女，我們都不好說。佛家叫這做緣份，基督徒稱之上帝旨意，儒家視之為天命。但不論怎麼形容，重要的是我們會怎麼去面對，如何去接納，知否去珍惜。

　　《筆遇》是一個徹頭徹尾的奇遇。一位學者教授和一個少年學生在一次中學畢業典禮上相遇，雖然年齡相隔三十多載，雖然背景閱歷大不相同，兩人更相距千里。一個身處香港，主理大學和醫療；一個留學悉尼，主修法律。透過文字，藉著書信，他們還交換了兩代對人生、對時事、對社會和家庭的看法。

　　如今相識四年了，做校長的已經離開了領導的崗位，做學生的亦將畢業找出路了，兩人仍然遙遙相距，但已經成為好友知己。兩人在生活上分別面對不少挑戰和困難，自2015年起所寫書信的一字一句，卻成為了互相的支持和祝福。很多事情都不用掛在嘴邊，反而用筆墨紙張，寫幾句鼓勵和慰問，來得更受用。

　　除了我們二人以外，《筆遇》這本書還帶給我們和國學大師饒

宗頤老師的一段相遇。初版時，我們有幸邀請饒老為書名提字。饒教授一生愛護年輕學生，二話不說便答應賜予墨寶。當時饒老乃九十八叟，書法依然帶著文人氣質，剛勁有力。去年年底，我倆於聖誕日再訪饒老，百歲饒公精神甚佳，氣息不錯。沒料相見不到百日，一代宗師在睡夢中與世長辭。只覺人生唏噓，生命無常。但畢竟在再版之前，我倆可藉《筆遇》一書與老先生道別，亦是不可求之緣份。在此再向老師致敬。

願藉此書鼓勵今天的青年人：「不要因今天世局的紛亂而凡事看淡，不要因前景的不濟而灰心喪志。歷史自有它的興衰，再艱難的路，我們都走過。悲觀是不能自救的⋯⋯」

亦藉此書鼓勵今天的學生、兒女，珍惜你們身邊的人。可以的話，給爸爸媽媽來一個擁抱，答謝他們為你做的一切；有感動的話，給你們的摯友寫封信（不是Facebook，也不是Instagram），寫一封從心底裡說話的信。這樣的機會，一生裡不會多；有時間的話（其實沒時間只是你的藉口），也給自己寫一些說話，給十年、二十年後以至年老的你留下回憶，必然其味無窮。

沈祖堯、潘誦軒

2018年4月

自 序
演講台下

2013 年 12 月 13 日是母校英華書院的畢業典禮，學校請來了沈祖堯教授作為當晚的主禮嘉賓，促成了我與沈校長的初次相遇。

我是當年畢業生的致辭代表。在母校生活了十年，畢業禮是道別，也是道謝的時候。站在演講台上，透過麥克風，為同屆畢業生，也為自己，細訴心底話。除了不捨與感激，於我而言，當晚的演講台還代表著一份驚喜 —— 因為一篇講辭，讓我與沈校長成為好友。

畢業禮後，我與他在中大行政樓首次見面。面對一個多在電視上看到的公眾人物，說話難免有點拘謹。幸好，沈校長平易近人，坐在白色的沙發上，呷著一口熱茶，我也說起自己的事來。校長得知我是港大學生，打算在 2 月轉讀澳洲國立大學，便相約我在離港前再聚。

第二次見面，是於中大校長官邸漢園裡的一頓晚飯。今天，我大概只依稀記得當晚的對話內容，但還未忘那份親切感。雖說是校長，但坐在我前面的更像是我的朋友。我倆促膝而談，悠然自得。臨別時，校長贈我金石良言，即席揮毫為我寫下「海納百川，有容乃大，壁立千仞，無欲則剛」的雋語。

　　遠赴澳洲以後，沒想過可與校長繼續保持聯絡。縱使相隔七千公里，這四年來，我們天南地北，無所不談，上至國際關係，下至生活趣事，還不乏噓寒問暖，話題廣泛。從畢業禮的萍水相逢，今天已成為忘年之交。

　　2015年4月，適逢沈校長應邀出席醫學論壇，我倆又再聚。那次見面，是在澳洲黃金海岸的餐館。校長知我一向鍾情寫作，也看過我中學時的散文。喝罷咖啡，他忽發奇想，便造就這本書的誕生。

　　兩人透過書信來往，談論社會與人生，從相遇到相知。

　　一個是受萬人景仰的大學校長，一個是初出茅廬的大學生。

　　一個是為香港戰勝沙士的大國手，一個是入世未深的法律系實習生。

　　一個身為丈夫與人父，一個是家中兒子和長兄。

　　兩人相距近四十年，當中的光陰就透過書信拉近，讓一張紙、一支筆，刻劃兩代人最真實、最自然、最深刻的印記。原來所謂的代溝，只是自己沒有了解長輩的內心世界，也從未讓他們認識自己。

　　在此，我要感謝家人多年來的照顧，特別是父母的養育之恩，一生銘記。還有胞弟錡鋒、師兄卓能和好友的愛護，以及母校英華十年來的栽培，都未敢輕忘。最後，由衷感謝沈校長一路上的扶持與鼓勵，在百忙之中用心經營這份情誼，讓演講台上的緣份延續下去。

　　兒時有好一段歲月在澳洲生活，母親卻於我六歲時毅然帶我回港定居，讓我學習中文，有幸領略中文之美。為此特別在文末，請母親為我添上一筆，以作紀念——

〈我的驕傲〉

2000年，大手牽著小手從澳洲回流香港，只為讓孩子學好中文。當日的堅持，你的努力，成就了今天的美事。

今天你有幸與沈校長合著此書，媽媽以你為榮！誦軒，前面的風景，就讓我們繼續攜手走著欣賞吧。

潘誦軒

1

初次相遇

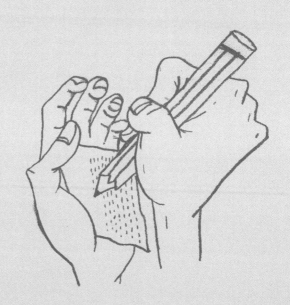

畢業典禮

誦軒：

　　兩年前參加你校的畢業典禮，你在禮堂台上的畢業生致辭，深深的觸動了我。老實說，我曾參加過不少畢業典禮，聽過無數畢業生致辭，但這次卻在我心中傳來迴響。

　　你以誠懇和堅定的語調，由衷感謝母校的校長、老師，甚至校工和校廚，對你們在校十年的同學諄諄教導和悉心照顧。你的說話，勾起了我中學時代的回憶，那些球場上的興奮、飯堂裡的笑聲、走堂的調皮和考試的壓力。雖然過了幾十年，仍然是人生中最美好的片段，亦是我最自豪的歷史。但正如你所說，沒有老師的熱情，沒有校長的堅持，沒有校工的忍耐，這班不知天高地厚的小伙子，哪來這幸福的回憶？

　　接著，你帶著幾分頑皮的微笑，感謝和你一起成長的同學，無

論在班房內，在運動會，在足球賽，在公開試，手足之情表露無遺。你還說，假如今日讓你在男校和男女校之間再選一次，你仍會選擇男校。來自傳統「和尚寺」中學的我，心裡許許稱是。中學階段，還是我找尋人生哲學、發掘自我潛能和讓身高多增幾吋的時候。男女私情，花前月下，未來還有機會，但兄弟情誼，卻是不容錯過。說到這裡，一個又一個畫面，一個又一個同窗，在我腦海中浮現，巴不得時光倒流，讓我回到孩子的歡樂歲月。

最後，你拾起那份嚴肅和認真，真情流露地感謝父母，感謝他們從不抱怨、絕不放棄，一直陪著你們成長。雖然這番說話在每個畢業典禮上幾乎是指定動作，但你的身體語言，目不轉睛地望著台下某個角落，叫我相信，你是朝著你父母說的。縱然台下的家長忙著拿出相機為孩子拍照，但聽到這番話，仍會眼泛淚光，好像心裡在說：「你們這班小畜牲，我們也終於等到這一天了。」就在此時，也是為人父親的我的感覺，非筆墨所能形容。

就是這樣，你的說話打動了我。我決定要認識你這位懂得感恩的領袖生。

誦軒，今天的社會，新一代對感恩和尊敬的觀念都改變了。年輕人對父母、家人的供養和照顧，以及師長的教誨和委身，已經

看為「常規」，是理所當然。因此，父母的「照顧不周」和老師的「嚴苛教誨」往往被視為疏忽和不公平對待。我曾聽過朋友的兒子對母親說：「你不好好照顧我，我會向社署投訴你，你便要坐監了。」我也聽過、見過學生以粗言穢語，指罵他不喜歡的老師。家長不太了解情況，卻維護子女，投訴處分學生的老師。此等社會風氣之漸漸興起，造成孩子比較自我中心，往往認為自己的態度和處事方法是對的。而這不只是香港或亞洲現象，乃是全球現象，這跟我年輕時很不一樣。

我年輕時，家境並不富裕。父母為了維持生計，白天在外工作，下班時已身心俱疲，能給我和弟弟的時間不多。較年長的我，往往要背上「長兄為父」的角色，帶弟弟上學，替他溫習功課。小時為了買一副「大富翁」，我要替弟弟補習個多月，直至他考試合格升級，「大富翁」才成為我的最低工資。那時我的小學和中學老師滿有威嚴，面斥、體罰乃兵家常事。縱使我不服，也從沒想過投訴老師或杯葛校長。還記得一次週會時，部分同學不專心聽校長訓話，全校遭罰留堂，千多人被罰站在禮堂內兩小時，鴉雀無聲。我想今天此等事情會演變成佔領校園，登上報章頭版。

　　我並非贊成無理嚴苛，亦非鼓吹強權高壓，但對父母的孝敬和對老師的尊重，卻是今非昔比的。我努力在想，這是社會的進步、文明的抬頭，還是姑息與縱容的結果？在疼惜與溺愛之間知道取捨，在管教與放縱之間取得平衡，是不容易的學問，這也令許多為人師表和高堂父母者感到困惑。

　　誦軒，有空告訴我你的成長點滴。你的學校到底是怎麼培養像你這樣的孩子呢？

第二個家

校長：

　　首先，要感謝你的誇獎。畢業禮背後，是母校對學生的栽培與信任。沒有老師平日的工夫，演講辭寫得再華麗，讀起來也不會真摯。回頭看英華的生活，悠悠十年，轉眼即逝，難以忘卻的，就是那份情懷了。

　　小學時，學校安排的各種活動給予我們書本以外的體驗，刺激我們探索的潛能。校長常鼓勵我們要「擁抱挑戰」，別害怕嘗試新事物，而且要用心感受。每隔幾週，就會有外來的團體參觀校舍，每位學生都有機會充當「學生大使」，運用兩文三語向來賓介紹自己以及校園生活。對小學生而言，別人的認同與信任是建立自信的基礎，今天我還記得當年與同學在校門等待來賓時的那份雀躍。在校園以外，幸運的我們年紀輕輕就有一嘗當電台主播的滋

味。在2006年德國即將舉辦世界盃之際，我跟大約十名同樣熱愛足球的同學走到香港電台，透過大氣電波跟聽眾分析球賽形勢及討論冠軍誰屬。倘若老師對小朋友信心不足、不願放手，我們就不能在那些體驗中跌跌撞撞、找到自我了。

因為是「一條龍」學校的緣故，告別小六那天，我沒有太深感受。相隔一個暑假，只是理所當然地走到旁邊的中學部與同學重聚。記得剛走進中學校舍時，有一點不習慣。小學生活無憂無慮，總有老師如父母對你百般提醒，中學講求的卻是自主性。當時學校依照六天循環週來編排課堂，即是說，每個星期一的課堂也不一樣。當初實在有點糊裡糊塗，幸好，有老師和師兄從旁引導，才能適應轉變、融入校園。

初中時，老師知道我喜歡朗誦、演講，每有比賽總會讓我參與。在中學，老師就像我們的朋友。典型的男校生，最期待的非午飯舉辦的足球比賽莫屬，那時無論男或女老師，都跟我們打成一片，從旁打氣，場面溫馨。這些寶貴的片段都成了我們每天生活的一部分，所以與其說是學校，這裡更像我們的家。因為學校給我們的，就是家庭那份簡單的溫暖，正如校歌的歌名，這裡確是 Home of Our Youth。

在這個家，得到的何止是豐富知識與價值觀的確立，最讓我們珍而重之的，是這裡認識的兄弟。鐘聲一響，為了不用排隊買飯，我們總會穿梭樓梯，直奔飯堂；為了貪方便，每當有運動比賽，課室就是更衣室，外面的走廊更成為英超球隊的球員通道。如此一起瘋狂過，也一起擔憂過高中分班試的結果、文憑試的放榜，我們是各自的一面鏡子，見證著彼此的成長。從前粗心貪玩的少年，今天都長大了，是懂得照顧家人及女友感受、為自己未來奮鬥的大學生。今天廿一歲的我們，相識時只有八九歲吧，屈指一數，這十三年的友誼佔了我們大約五分之三的人生，別忘了這「佔有率」只會按年上升。而只有在母校，才能找到這份一輩子的情誼。

英華除了讓我結交到良師益友，也給我在校外磨練的機會。中四那年，我在老師的推薦下參加了香港傑出學生選舉，順利進入了最後五十強，成為了傑生會的一員。在傑生會裡，我認識了許多朋友。他們各有長處，有十優狀元、演奏家、港隊運動代表等，每人身上都有太多值得學習的地方，令我大開眼界，深刻體會到何謂天外有天。有次，有位新朋友跟我說她正準備英國公開試，她就讀的分明是傳統女校，而不是國際學校，聽得我有點疑

惑。後來，才知道除了DSE以外，還有英國高考、IB等入讀大學的途徑。當時中四的我，還沒有成為學校的領袖生長，只是一個會朗誦演講、偶爾為學校足球隊應戰的普通學生。面對這麼優秀的一群，會自卑嗎？幸好，我臉皮不薄。每次對談中聽到新鮮的事，我都不恥下問，以擴闊視野。能結識他們，我反而覺得幸運。況且，跟他們認識日久，我發覺每個人都總有值得自豪的地方，根本毋須跟別人比較，因為你是獨一無二的。

　　一年之後，我當選香港傑出學生協會的主席，那一年我們舉辦過各種各樣的學生活動。當中有個以全球化為主題，邀請了六個領事館合作，為約120位中學生籌備為期四天的活動。活動規模之大，令我體會到個人能力的局限，還有團隊合作的重要。籌委會是來自不同學校的菁英代表，眾人各出其謀，分工合作，一班中學生從憑空想像，到落實計劃無一不親力親為。這一點沒誇張，就連活動所需的資金都靠眾人商議後發電郵、約見企業代表、討論合作細節等，逐一實行。當中面對的挑戰很多，猶記得上任不久，有企業向我們的顧問表達了一些對合作條件的不滿，開始時我們是多麼的難堪，整個團隊就在困難中一起成長，一起進步。那一年，我學會了更多，也發現世界變得越來越大。

如今回想，在校外的那些經歷，豈不都植根於英華老師對我們的信任？我常說沒有英華，也沒有此時此刻的自己。母校讓我們在校內發光，也提供空間讓我們在外面多看多學。畢業禮當晚的致辭，有別於平日參加的演講比賽，毋須為了迎合主題來設計內容，也毋須故意遷就個別評判的喜好，就只是單純地向母校十年養育之恩表達真誠的謝意。面對「家人」，就是如此簡單美好。

2

大學教育

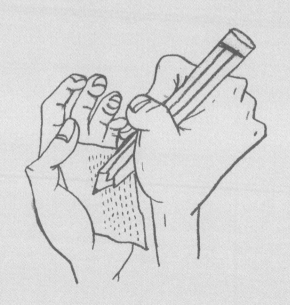

認真，你就輸了

誦軒：

　　近年香港高等教育校園流傳一句話：「認真，你就輸了。」大學生從小學、初中、高中一路走來，經歷過無數公開考試，身經百戰，最終獲得入讀大學的資格。因此，校園就盛行一種觀念，認為展開大學生活之際，是時候喘一口氣，放鬆一下，好好玩一下。那麼，大學生應該選一些可輕鬆過關、容易取得高分的科目；在大學的幾年應該好好享受，晚上在書院宿舍開派對，為辦學生活動通宵達旦。還有空餘時間的話，最好找份兼職，確保有穩定的經濟來源。但我想，這是可悲的。

　　另一極端則是所謂的「尖子」學生，他們以優秀的成績進入大學。他們很會讀書，更會考試。他們上課抄筆記，下課對筆記，考試背筆記，顯然是小學及中學的考試制度訓練出來的，但始終沒有

走出填鴨式教育和功利的學習模式。除了讀書和考試以外，根本沒有想過或嘗試過享受大學生活。有些人稱他們為「高智商的利己主義者」。論知識，講拼搏，他們都屬一流，但可惜的是他們沒有夢想，缺乏信仰。他們所求的，是要成為激烈競爭中的「成功者」——拿高GPA（grade point average），以一級榮譽（first class honour）畢業，找一份高薪又穩定的工作，就是他們生活的目標和動力。這樣的學生，香港有，大陸也有，我相信外國的大城市亦不乏。

誦軒，澳洲的大學生對讀大學的態度怎樣？是那種「符碌」地混過，還是以找工作、尋出路為唯一目標？他們可有想過，大學在人生的旅途中有著甚麼意義，處於甚麼位置？

對大部分學生來說，大學生活是從中學的未成年階段過渡到成人階段。在中學階段，學生從生活到學習都受成人（主要是老師和家長）督促，沒有太多獨立自主的空間，即使有，也是很有限的。然而，上了大學，他們便獨立成人。儘管作為大學生，在經濟上很大程度仍然依賴父母，還必須依照學校安排的課程學習，但已經有較大的自由支配自己，和享有管理自己的權利。有不少大學生在學時會做兼職、找補習，讓自己在經濟上更獨立，享受更自主自由的生活。

説到底，大學生活與畢業後進入社會的生活相比，仍有分別。儘管大學生已可享受公民權利，但因為還處於人生的準備階段，沒有直接的社會責任和家庭負擔，擔子不多。所以，有人説大學生享有公民權利，卻基本上毋須盡公民義務。這黃金時段，應該是人生之中最享受、最寶貴的光陰，千萬不要輕鬆放過。

　　到底怎樣充分利用大學生活，好好充實自我，為未來作好準備？我想建議你做以下三件事：

　　一，做一塊海綿吧。盡量吸收知識，擴闊視野，不要只為考試讀書。每月讀一本書，一本與你的主修科目無關、與你的專業無緣、一本讀完也不會拉高你GPA的書。任何題材的書你都應該讀。讀一本歷史書吧，我們所有人都要從錯誤中汲取教訓。讀一本關於世界局勢的書吧，地球只不過是一條小村落而已。讀一本心理學的書吧，人心這本大書難讀得多。去讀關於人類文明的書，讀攝影的書，甚麼書都讀一讀，用甚麼語言寫的書都讀一讀，你的生命會更豐盛。

　　二，做一顆大蒜吧。蒜片加在任何菜式上都可，卻不一定突出其味。這就好比認識來自不同國家的朋友，每年至少認識一個。你的班上或學院（faculty）中有本地生、國際生；有土生土長

的，有中國內地來的，你應該認識他們，跟他們交朋友，不要只交來自香港的朋友。你不妨參加澳洲同學的水上活動（我在加拿大讀書時也嘗試滑雪），享受一下他們的風土文化，嘗嘗他們的葡萄酒。你也可帶他們去中菜館（或者你家），吃一頓晚飯，看一場電影。請他們與你分享文化、歷史，聽聽他們引以為傲的事和面對的問題。你亦要嘗試學習他們的語言（除了英文以外，韓文、日文、西班牙文、德文也不錯），與此同時教他們講普通話，甚至廣東話。他們會告訴你，中文很難學，他們的語言容易得多（讓你也有點自豪）。你會發現，不同民族文化多姿多采，對事物的看法各異。你的眼界和視野會豁然開朗，胸懷擴闊。

三，做一隻螞蟻吧。我看過一段紀錄片，講述螞蟻用身體與牠的團隊架起蟻肉橋樑，搬起比自己重數十倍的食物。在大學裡，無論你是宿生還是走讀生，都不要錯過結交志同道合朋友的機會，並與他們一起生活、工作，甚至參與他們的服務之旅，從而學習團隊的工作方式。由於這個團隊是由不同背景的人組成，隊友是不計較個人利益的男女，大家不會互相競爭，說不定在未來能幫你一把。你要知道在學時代，一個缺少團隊精神、不善和他人合作的人，很難在事業和人生旅途上得到成功感和滿足感。

如果你照我的話做、接受我的建議，畢業前就會讀完三四十本書，會了解三四種不同文化，會講幾種語言，對世界事務也開始有所了解。你會喜歡與人合作，而不是你爭我奪。你的世界會更廣闊，而不只局限在維多利亞港，或悉尼海港兩岸。你會更懂得待人接物，更善於隨機應變，人緣也更好，每個人都樂於和你交朋友。未來發展事業時，你會更有本錢邀遊四海。你在世界任何地方都能找到工作、發展事業和組織家庭。

還有啊，誦軒，上大學不僅要求知識、學技能，更要培育自己的人文關懷，塑造個性和風骨。所謂「人文關懷」，就是要關心人之為人的精神問題，注重自我和他人的精神成長。具體地說，就是要思考、探索人生目的，人活著是為些甚麼；人與人之間、人與社會、人與自然、人與宇宙應怎樣建立合理和健全的關係，進而建立自己的精神信念以至信仰，為一輩子的安身立命奠定一個堅實的基礎。

同時，你也要不斷開拓精神上的自由空間，陶冶性情，發展個人的愛好、興趣和個性，提高精神境界，開展想像力、審美力、思維力與創造力。聽聽音樂，看看話劇，參加大師的公開講座，觀

賞大學博物館裡收藏的古物和藝術，並讓大學的文化氛圍鑄造自己，這樣的大學生活才算充實，才沒有白費。

依我來說，「認真，你就輸了」這句話，怎說得過去？

來，告訴我你的外國大學生活吧！告訴我你曾經作為香港大學生，與悉尼大學生有何不同。

我的澳洲同學

校長：

　　感謝您的建議。在港大讀過一個學期後，我在澳洲讀書已兩年多了。這裡的學生背景比香港的多樣化，每個人的特質都不一樣，教我有不同的感受。

　　在我看來，難以將兩地的大學生籠統比較，當中總有刻苦耐勞與好逸惡勞的人，而每個人都有其工作與玩樂的時候和方式。在香港，有大學生在學術上專心致志，以考取 Dean's Honour List 為目標；有些特別關心社會時事，積極推動學生運動；有些忙著參與課外活動，投入到連跟家人吃飯的時間也沒有；當然也有一部分人終日談戀愛，甚至迷上夜蒲文化。從澳洲朋友身上，我同樣看到他們對於大學生活有不一樣的詮釋，亦有不少地方值得我們借鏡。

　　澳洲給大家的印象，大概是陽光與海灘、藍天與白雲，以及無

憂無慮的寫意生活。在開展大學生涯之前，我也一度以為接下來的生活節奏終於可以放慢一點，事關人家常説外國讀書氣氛愉快輕鬆，與香港學生面對的壓力不能相提並論。可是，這回我錯了，會讀書的外國人可不簡單！我在澳洲修讀的是國際關係與法律雙學位，同年有接近三十名澳洲當地同學以滿分成績（ATAR 99.95）考進來。他們大部分都非常重視成績，即使不是考試季節，圖書館都經常座無虛席。

上週六跟弟弟往圖書館溫習，我們已於開門前早十分鐘抵達，卻發現二十多名同學已圍著大門等候。平常圖書館裡鴉雀無聲，書桌上都是咖啡、三文治；而在那裡使用手機上社交網站，讓人有一份罪疚感。在交論文前一天，很多同學已做完功課，沒有太多香港所謂的 deadline fighters，甚至有同學早在我還在為論文搜集資料時，就已經在整理參考書目了。一般外國同學經常標籤亞洲人的學業很出色，不過身邊的同學有時候卻令我感覺不夠 Asian 了。

最令我難忘的，是去年國際關係課上的一場小組討論。教授一開始便問大家對當天頭條新聞的看法："How does everyone think about the news headlines today? If you have read the news." 我當場呆了，那是一節早上九時正的課，我才起床不久，匆匆換過衣服，便直奔

到課室去，對於當天的新聞頭條實在一無所知。當我以為身邊同學都在等教授揭曉之際，竟有數位同學輪流回答，而且說得頭頭是道。那一次，我才發現彼此的距離。在香港，我敢說每位大學生都是考試高手，但有多少人會用心了解課本背後的議題，將知識活學活用？在港大讀書的日子，於政治課的討論中，我還記得舉手答問的同學寥寥可數，幾乎每次導師發問，我們都無意間把目光注視在某君身上。無他，因為每次舉手的就只有他一人。在南半球這邊，每節課你都會聽到班房內每位同學的聲音。澳洲同學積極好學，令我不敢怠慢，要答問題首先要舉手快，這一點毫不誇張。

在海外留學，其中一個得著就是體驗到做學問有別於操練考試技巧，需要每天用心積累。如果你能夠把所學的應用在日常生活，你才算明白一個課題。去年應朋友邀請到他們的宿舍吃晚飯，飯後見休憩間裡圍著一張長桌坐滿了人，熱鬧非常。於是我們找來幾張椅子，加入了他們的討論。我們一邊喝著飲料，一邊高談闊論，談的不是兒女私情，不是報讀哪科較易取得好成績，更不是甚麼八卦新聞，而是在個多小時內談了兩個主題。首先是澳洲在美國和中國兩個大國之間，應該如何自處，他們從歷史、政治理論等方面開始探討；然後談到同性戀與基督教之間的爭論，各人

多番引述聖經經文。只能說，當晚我大開眼界。自問對世界歷史有點基礎認識，但聽到他們爭論澳洲軍備時所引述的數據，我真的不敢插嘴，小巫見大巫。我真的覺得很幸運，在剛到埗的幾個星期經歷了那麼多，了解到井外的世界。在這個環境的推動下，怎能不及時覺悟，好好裝備自己？

　　課室以外，這裡大部分學生在課餘時都做兼職。主要原因是他們大都經濟獨立：離開了家人的，就自己負責房租；駕車的，就獨自承擔油費、維修開支，甚至是汽車供款。他們的工種各異，很多也跟大學所讀的科目沒有直接關係。有政治系的朋友在藥房做售貨員，主修會計的在醫療診所當接待員，甚至有法律系的同學每週兼職當保姆三天，負責接送孩子上下課，還要教功課、燒晚飯。在香港，除了實習，大部分朋友都透過補習賺外快，工作時間短，而且有彈性。因此，在澳洲生活久了，我覺得這裡的學生真的很能幹，既要上班，又要兼顧學業，而考試成績卻一點不遜色，更別忘了他們還出席很多派對。所以，要過澳洲同學的生活，少一點魄力、堅持、意志都不行。

　　大學教育對於每個人都有不一樣的定義。澳洲同學給我的印象是崇尚自由，追尋理想。大學裡沒有香港的宿舍和會社文化，

也從沒有人跟當時一年級的我談及所謂「大學五件事」，這裡講求更多獨立思考和抉擇。澳洲同學不太介意旁人的目光，做事隨心。但隨心有別於隨便，他們非常忠於自己的意願，要是發現選錯科，絕不容許自己糾結下去，隔年便申請轉科，甚至轉大學，哪怕要延遲畢業。有位朋友去年還在坎培拉攻讀法律，今年便身處墨爾本修讀電影了。記得有次出席某個舞會途中，他跟我說：「我發現自己不太喜歡法律。我喜歡演戲，我想當演員。」當時我還跟他說：「既然選了法律，就先把它讀好，之後再打算吧。」誰料到他今天就在與我相隔13小時車程的另一端。在澳洲，每年有很多申請轉科、轉大學的成功個案，而且大學十分鼓勵，甚至在網頁上發布很多有關資訊。因此，身邊一些主修新聞或歷史的朋友說要轉到法律系，絕非天方夜譚。在香港，要轉讀專業大概絕無僅有，這一點我倒認為值得香港的大學借鏡。

讀大學除了做學問，更是一個探索自我的過程。留學海外，就更要把握機會，讓自己每天進步多一點，才算不枉此行。

3

足球人生

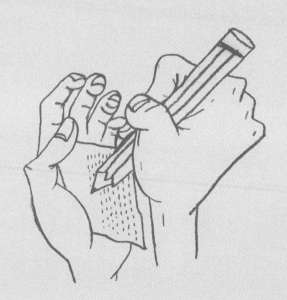

二十三號

校長：

不知道你喜歡足球嗎？

小二那年暑假，我看了人生第一場電視直播的足球賽。那是 2003 年 8 月，西班牙傳統勁旅皇家馬德里應邀訪港。當時我對足球沒有甚麼概念，除了碧咸，根本沒有聽過其他傳奇球星的名字。記得那天母親為我和弟弟端來剛煮好的綠豆沙，一起在電視機前坐著，然後跟我們介紹施丹、朗拿度和卡路士等球星。就是這樣，我生命再也離不開足球的蹤影。

2004 年 1 月，當時小三的我以插班生身份考進英華小學。一心想加入足球隊，卻因球隊滿人未能如願以償，唯有先參加興趣班努力練習，希望被教練選進校隊。半年後，終於一圓校隊夢。那幾年每個週六早上，父親就會駕車接載我和住在附近的隊友回校練

習。每逢練習賽，總是跟隊友計算自己入球的數目，誓要分出高下。然而，我們最期待的，莫過於學界比賽——當天我們可以比其他同學少上幾節課。在離開學校前，我們班上幾個校隊成員，會到校舍最隱蔽的後樓梯邊大聲暢談，邊換運動服。整裝後，我們便乘旅遊巴到比賽場地。記得那幾年我們都順利進入了淘汰賽階段，但每每都在互射十二碼後遭淘汰。比賽後，幾個熱血的男孩圍著圈、流著淚，聽著教練的鼓勵，回到學校又重新出發。

小學畢業後，除了換上中學的球衣，甚麼都沒有變——我們依然是隊友。從中二那年開始，有見隊員表現未如理想，而且缺乏球員，球隊換入了一批新血。他們擁有球會背景，有些甚至是港隊青年軍代表。記得中三那年，自己從以前的必然正選，成為了冷板櫈的常客。難過嗎？當然有，我想每個喜歡足球的人，都會渴望有上場表現的機會。可是，難過沒有維持多久，自己也沒有想過放棄。足球教會我要不停進步，沒有任何球隊會因為失去一個球員而無法運作。我提醒自己必須保持狀態、提升技術、多看多練。新球員的加入，令球隊的水平提高了，也推動了我們這些「土炮」的成長。他們帶來了外面集訓的專業系統及模式，就連熱身準備也十分講究。跟他們操練的第一節課，只能說是大開眼

界。那些年，我都不讓自己缺席任何一堂訓練。中四開始，終於得到教練的認同，爭取到上陣，披上英華23號的球衣，在綠茵操場上跟隊友一同爭勝。隊友練習時打成一片，場上眾志成城，每年都至少打進四強階段。最後一次代表英華的，是中六那一場季軍賽。看台上坐滿師兄弟，他們大聲吶喊，為我們打氣——此情此景，至今仍然歷歷在目。

對足球的熱愛，當然不止於校際比賽。比賽場外，我的生活還是離不開足球。放假的時候，同學會相約到街場踢球。記得有一次大雨滂沱，還是淋不熄我們的熱情，依然踢得起勁。至於平日，我跟弟弟放學回家亦總是想著足球。奈何我家附近沒有足球場，在家裡踢又怕弄破東西，我倆唯有在家平台後一處空地一較高下。我們把兩旁的紅柱當作龍門，玩得滿頭大汗。有次管理員發現我們的秘密球場，追著我和弟弟警告不得踢球。最後，他當然追不上我們，過了不久，我們找到另一個神秘地方踢起來了。

到了今天，考試完結後，兄弟二人總是一踢就三小時。而當年的隊友也不忘留意各個大型球賽，化身小粉絲支持愛隊。由於時差關係，我總要捱夜看歐洲盃，可是看著一班球星，怎會記得要睡呢？

　　我不敢想像沒有足球的生活會如何。足球給我一班對我實力瞭如指掌的兄弟。我們在母校當了近十年的隊友，現在每逢假期回港，跟他們踢球的感覺實在難以形容。在外國跟不同人交流過後，你發現在球場上，就算不說話，那些老隊友總能洞悉你的下一步，這是男孩間獨有的浪漫。

　　除了友情，足球也給予我很多啟發。它教會我作為運動員必須自強，令我在意志和性格上都有所磨練。既然技不如人，就用汗水換取別人對自己的尊重和上陣的機會吧。要知道在運動場上是殘酷的，別人的成功也不是理所當然的。我感謝每一位曾經跟我並肩作戰的隊友，讓我了解運動員背後的辛酸，勉勵我愈戰愈勇，遇強愈強。

　　足球貫穿了我的成長，對於我有重大的意義。那不在於曾經拿過的獎盃，而是球場上一份綿綿的回憶、暖暖的情誼。

找到自己的位置

誦軒：

你說得好，足球的意義「不在於曾經拿過的獎盃，而是球場上一份綿綿的回憶、暖暖的情誼」。但我想，足球與人生的關係可以更深、更遠。

首先，成功的足球員，必先找到在球場上適合自己的位置，因為球員在比賽中的崗位，取決於他的長處（和短處）。有些球員擅長用左腳，另一些則右腳較強，他們應該按之分配到右翼或左翼位置，或者根據他們的長處擔任中鋒負責進攻，或負責防守的中場。人生不也如此嗎？無論一個人多有才華，都不可能是全能的。了解自己的強項，明白自己的不足，是成熟的表現。若能認清自己的崗位，集中力量去幹，成功指日可待。若然把自己放在「不當位置」，不但「無用武之地」，而且可能連累整支球隊。我們

要清楚自己的長處和短處,才能在學校、工作和家庭找到適當的位置。

　　除了認識自己,成功的球員和教練,還得掌握環境和氣氛。比賽開始前,球隊應了解場地情況、周遭環境;得知比賽時間、天氣等,而最重要的,是了解對手的陣型、布局、弱點,以及我隊的機會,從而制定策略。如果你在不合適的地點、不恰當的時間,打一場不利自己的比賽,就會事倍功半,取勝機會大減。人生何嘗不是如此?掌握世界的動向,摸清潮流的脈搏,認識自己的對手,不獨在商業社會,在任何人生舞台,都是演出一幕好戲的必要條件。要知道世界天天在變,從前行得通的,今天未必可行;從前以為好的,如今已被取替。

　　另外,足球最引人入勝的,是講求團隊的配合。還記得美斯在上屆世界盃決賽獨力難支,三頭六臂也沒能力帶領阿根廷隊拿到冠軍。反之,我很欣賞德國隊的合作與默契,特別是隊長湯馬士梅拿的組織力。他常為隊友製造攻勢,並不獨攬功勞。在我們的一生中,我們並不需要每次做射門建功的球員。有時候你的工作是組織攻勢,把入球機會讓給位置更佳的隊友;有時候你要負責化解危機;有時候你更要坐在後備席上,聽候教練指派。你不應一

人獨攬所有功勞和光環。總是走到前場想要入球的球員，可能累及全隊，也不會受隊友歡迎。在這個競爭激烈與全球化的世界，單憑一人之力，難以取得重大成就，得勝的獎盃應榮歸全隊球員的努力。聽來老生常談，但這是很多聰明、能幹的人一生都學不好的課題。他們往往以自我為中心，沒有運用團隊的力量，更沒想過把球傳給隊友及跟他們分享勝利的光環。隨之而來的，是隊友間勾心鬥角，互相踐踏，弄得一敗塗地。在學術界，在醫療界，類似的例子太多了。誦軒，你是「傑出學生」，也是總領袖生，自負不凡可以是你的絆腳石，要知道偉大的成就總是依靠團隊合作、相輔相成的。

還有一點要提，就是在哪兒跌倒，便要在那兒重新站起。沒有一場足球比賽是沒有球員受傷的。當然，有時候球員會傷得很重，倒地不起。但大部分球員都是輕傷，在跌倒之處掙扎一會，轉眼便再站起來，又在場上馳騁。人生也是如此。除非你無所作為，因循守舊，否則你多會遭受批評、諷刺甚至攻擊。在過去六年多的校長生涯裡，我每天都在學習不怕受傷、不要灰心喪氣、不要隨便放棄這門功課。今天的年輕人，意志上較為薄弱，經不起挫敗，受不了別人批評，容不下善意或惡意的指責，面對工作、功

課及手上的事，很多時便斷然放棄了，不幹了。誠然，沒有成功不是經過無數嘗試與失敗的。而沒有失敗的苦澀，成功的滋味也不怎樣甘甜。

你說「不敢想像沒有足球的生活會如何」，我說它的意義還不止於運動和友誼。它亦蘊含人生得失成敗的啟示，要你用心體會。

說到這裡，我得告訴你，我是不懂踢足球的。每年的兩大(即港大與中大)足球賽，校長只在主持開球禮中，大腳一踢，便坐下來當觀眾了。友誼第一、比賽第二嘛，兩大校長在球場內萬一動武就不好了！

4

所謂歧視

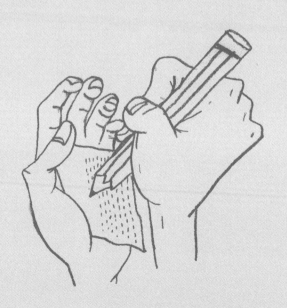

中國人吃狗肉嗎？

校長：

　　對於「歧視」這個概念，我一點都不陌生。即使在華洋雜處的香港，每天都有少數族裔受到不公平的待遇。而我，每天接觸的卻幾乎都是土生土長的香港人，同聲同氣，甚少會有被歧視的感覺。這回來信，倒想跟你談談在澳洲社區生活的一些經歷。

　　在澳洲，我修讀文科，相比理科和商科，較少亞洲人修讀，故我屬於教室裡的少數。三年來，少不免經歷一些令人難堪的場面，例如兩年前剛到埗，就參與了法律系的迎新派對。晚會主題為 "Toga"，意即「古羅馬人的寬鬆長袍」。第一次接觸如此的服飾要求，實在一頭霧水：難道要特地去買件長袍？又能夠在哪裡買呢？有顏色限制的嗎？如是者，我從當地的朋友打聽，並按他指示，把宿舍裡的床單拉出來，看著網上教學短片把它在身上翻來覆去，穿

上拖鞋，滿有期待地走到法律大樓門外的草坪去。到達後，只見各人才認識不久就搭膊頭、有說有笑，然後又不時走到另一個圈子裡，作一番自我介紹。至今仍記得，當時我在場裡走了兩個圈，聊得興起的他們似乎都沒有察覺我的存在，更遑論對我感興趣。就連遲到的人都在跟新朋友把酒暢談了，我仍找不著自己的位置，感到很不自在。當時，我只知道總得找個方法解決問題，於是我放下心頭的掙扎與疑慮，走到場內僅有的「黑頭髮」面前，主動問好。透過這位澳籍日裔朋友，當晚我還認識了來自五湖四海的同學，不亦樂乎。

身邊許多朋友都在海外讀書，回港放假時見面，間中會談到他們一些不愉快的經歷及感受。當中，他們少不免提及「歧視」這個問題。有位在英國讀書的朋友直言：「當地人很少會主動跟我們聊天，但當然有例外，譬如做研習報告都很樂意跟我們同組，目的是要取高分（亞洲人普遍都給人很會讀書的印象）。平日在校園碰面，他們最多跟我打個招呼便轉身離開了。」又有一次，有位朋友難得到美國加州交流，我問他為何不結識當地人，好讓自己了解他們的文化。他說：「外國人總是喜歡小圈子，我們說中文的唯有自成一角，根本沒有機會認識他們。沒辦法，不夠高大，不

夠帥氣。」在他們口中，往往都感受到他們的無力感和對「被歧視」的控訴。

　　人在海外，當然理解這種感受。有一晚跟幾位朋友「聯合國視像通話」，聽過他們的故事後，我嘗試從我們的經歷和感受，重新思考這些疑似「被歧視」的體驗。法律系迎新派對當晚，同學是因為歧視而冷落我嗎？外國人除了學術以外，甚少跟我兩位朋友聯繫，又是歧視的表現嗎？按這個邏輯，如果我在香港的團體活動中沒有跟身邊人示好，或者不夠熱情，就是歧視他們了。如果我在港大讀書時，除了完成課程評核要求的小組報告，沒有跟某些同學聯絡，我又歧視他們了。與朋友反思身邊一個個「被歧視」的控訴，不少都是自卑感作祟，自覺低人一等，然後將自己的想法合理化。這種自卑感，有時源於不適應當地文化，以及英語會話能力欠佳。朋友說的難處，我是完全明白的，英文始終不是我們的母語，管你文憑試口試卷取得5**、IELTS會話滿分，有些當地的用語不是一時三刻說懂就懂，就算懂了，也要用得對。

　　其實，除了明刀明槍的種族歧視言論，生活上很多細節都不應該武斷地歸納為歧視。甚至乎，我認為有時候歧視自己的不是別人，而是我們自己，尤其是潛意識把自己標籤為「黑頭髮」、「亞洲

人」、「黃皮膚」。面對新環境，我們很容易忘記了原來是自己沒有走出第一步，又或自己沒有在面對文化差異中嘗試跳出自己的「舒適區」（comfort zone）——總認為能進步的不是自己，有問題的必然是別人。很多時候，跨出第一步就好了。

經歷過法律系迎新派對那次經驗，我逐漸放下心理包袱，嘗試自信地投入當地生活，讓自己能真正體驗外國文化。當你跨出第一步，不難發現其實別人對自己很感興趣。有太多次被問到："Do Chinese really eat dogs?" 當他們發現心目中的香港跟現實有很大出入，再從留學生身上了解更多後，便會得知這亞洲城市的美麗及可愛之處。就在升大二那年暑假，澳洲的三位朋友都先後來了香港，要我帶他們四處遊覽，可見溝通很重要。

這次跟你談這個題目，感受特別深。因為我了解到很多留學生在海外的難處，也明白有些因為文化差異所衍生的尷尬場面很難避免。然而，我總提醒自己正因如此，更要堅強努力，把握留學的機會融入當地社區，擴闊眼界。同時，必須更加自信；儘管留學生的英語會話能力不及當地人，也別妄自菲薄，因為能說一口有香港口音的英語，代表自己能夠運用至少兩種語言；會普通話的，更是兩文三語了。種族歧視當然存在，但思考的角度經常決定主

觀感受。或許，在今天絕多提倡民族平等的文明國家裡，有健全的公民社會和法律制度，加上有國際公約及人權組織的監察和制衡，尤其澳洲為移民國，長久以多元文化（multiculturalism）見稱，較難找到顯然易見的制度性歧視。最大的種族歧視，也就莫過於自己歧視自己了。

改變自己，改變世界

誦軒：

　　你已經洞悉所謂「歧視」的背後，往往是我們缺乏自信和社交經驗。其實，這不是你的問題，也不單是香港學生的問題，更是大部分亞洲學生的問題。中國人的謙虛，有時和他們的自卑感是分不清的。

　　但話得說回來，我們有些生活習慣，有些個人修養，是值得檢討的。我沒有魯迅和柏楊等般尖銳或曉得諷刺，亦絕不覺得自己有些過人之處或更具修養，只是想提出一個想法，所謂的「歧視」，是有點咎由自取的。容許我舉兩個近期的例子思考一下。

　　今天，我在上海國際機場登上往阿姆斯特丹的航班，就有這樣的一幕：航班有些延誤（這是在上海、北京等地十分平常的事），幾百位乘客在登機閘前，非常擠迫、悶熱。乘客中大概一半是外

國人，他們都耐心等候，沒有怨言。終於，開始登機了，大家一擁而上，當中大都是本地人(從外貌、衣著和口音判斷)；排隊在商務客位的一個外國人有點不耐煩説："I thought this is a priority line"，旁邊的外國朋友笑著説："This is China! In here, priority is . . ."，架起雙膊做出爬頭的動作。由於我之前跟他們聊了幾句，這外國人話畢望望我的反應，有點不好意思。其實，feel embarrassed的應該是我。中國乃禮儀之邦，然而此情此境，國人之言行落差，我想這跟教育水平和個人修養有關。

近年另一華人明顯遭受歧視的案件，發生在2003年的多倫多。那時你還年幼，可能沒有甚麼印象。繼香港發現不明來歷的非典型肺炎之後，多倫多較多華人出入的兩所醫院相繼淪陷。有見病例多出於華人社會，多倫多市傳出唐人街是病毒溫床之説，當地傳媒還呼籲多倫多人不要到唐人街。直至疫情結束，多倫多市長親自光顧唐人街食肆，才消除市民歧視華人的目光。

那次疫症帶來的社會問題，跟百多年前鼠疫在香港肆虐、疫症集中在華人聚居的上環一帶不謀而合，最後仍是要政府相關部門清潔華人聚居之地(就是當年「洗太平地」的由來)，瘟疫才受控。我們有否反省，華人傳統上不太注重環境衛生，市場和餐廳的環境及

衛生欠佳是引起外國人反感以及遭受他們歧視的主要原因。我們怪罪別人歧視自己前，其實應先改掉自己的壞習慣吧。

誦軒，你可有想過，我們為何會一方面不滿別人對自己帶有歧視的目光，但另一方面以歧視的目光對人呢？我小時看到印度和巴基斯坦籍的人，都叫他們「嚤囉差」，心裡都想著：他們很髒，吃飯用手，上廁所也用手，身上有股體臭，大概跟食咖喱有關，而他們的智商，大概只有我們的一半，因此在銀行和商店門外做保安。這種觀念牢牢在我腦海，直至中學時期，才因著一位在香港長大的印度籍同學 Farrock Amashay 的出現而改觀。Farrock Amashay 為人溫和良善，不但學業成績優秀、中英文流利，且羽毛球及乒乓球的技術都比我厲害，曾經成為我最要好的朋友，令我對印巴籍人士有所改觀。

還有，因為傳媒 (特別是西方傳媒) 的報導，我對巴勒斯坦、伊朗和中東的伊斯蘭教徒都存有戒心，認為他們兇狠和暴戾，因為從電視上看到的巴勒斯坦小童，大都在加沙地帶以石頭和汽油樽作武器，對抗以色列軍。然而，有次到中東旅行於死海暢泳，改變了我的思維。在那著名的死海泳灘，我和太太正享受日光和浮潛 (因鹽份高) 之際，一群十二三歲的青少年悄悄走過來逗我們，還

把死海海床上的黑泥塗在我的臉上和身上。他們嘰哩咕嚕的不知在說甚麼，但那友善的臉容和真摯的微笑，使我意會電視畫面的標籤與現實看見的巴勒斯坦人有天淵之別。即使他們是投石的巴勒斯坦暴民，背後也肯定有外人不了解的歷史原因和現實考慮，實在不能妄下判斷，認為他們是好勇鬥狠的民族。其他的例子還多著呢，如我在伊朗之旅對伊斯蘭教國家改觀、在美國 Baylor University Medical Center 遇到的 El Sarah 竟是大馬士革出生的敘利亞人等。

我的經驗告訴我，對任何民族及其背景滿有成見，甚或帶有標籤，都是十分錯誤和危險的。每個民族、每個群體的表現與修養，背後總有一段故事，也許是經濟和教育使然，也許是仇恨和戰爭驅使。但即使如此，在污泥中仍會長出白花，在沙石間仍會流出清泉。

人總是習慣以個人的視點及偏好，去看這世界和世上的人。我們不喜歡被人歧視、被人看不起，但我們往往對其他人也帶著歧視的目光，也看不起別人。改變自己，優化自己，是改變世界的開始。

在英國著名的西敏寺墓碑上，有這樣發人深省的話 ——

When I was young and free and my imagination had

no limits, I dreamed of changing the world.

As I grew older and wiser I discovered the world would

not change—

So I shortened my sights somewhat and decided to change

only my country, but it too seemed immovable.

As I grew into my twilight years, in one last desperate attempt,

I settled for changing only my family, those

closest to me, but alas, they would have none of it.

And now I realize as I lie on my deathbed, if I had only changed

myself first, then by example I might have changed my family.

From their inspiration and encouragement I would then have

been able to better my country,

And who knows, I might have even changed the world.

5

高低起伏

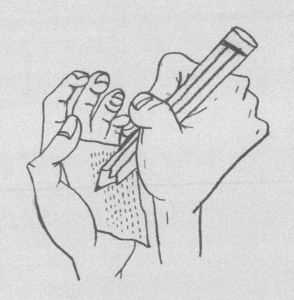

行到水窮處

誦軒： 去年暑假回港，正值二十歲，跟師兄到了尖沙咀的一家
酒吧。酒過三巡，我跟他分享近來生活的驚喜，例如經
過兩輪面試終於獲得大學的實習工作，合約直到畢業才
結束；又談到能與校長您一起寫書的興奮。這位師兄其
實也是我的老師，見證我一路以來的轉變和成長。他聽
我說著，突然靜下來，凝視著餐桌上泛黃的倒影，問：
「這些年來，你嘗過失敗的滋味嗎？」

校長： 我記得你跟我講過，要是當天考進港大法學院，也許你
不會下這麼大的決定，與母親和弟弟遠赴澳洲升學。是
這樣嗎？

誦軒： 雖然我的公開試成績與港大法學院收生要求僅差一分，
但於我而言，實在不算甚麼打擊。所謂「條條大路通羅

馬」，我當時已經收到英國與澳洲大學法律系的取錄通知，心想在海外讀都一樣，只是回港執業要考轉換試，路比較迂迴罷了。

校長：　的確，一件事是否失敗，很多時候在於你的觀點與角度，受主觀的心所影響。那你跟師兄提及的失敗，究竟所謂何事？

誦軒：　猶記得初到坎培拉那年，生活恬靜，跟香港很不一樣，沒有足球隊，沒有相熟的朋友，還沒有適應當地生活。媽媽説坎培拉有讀書的「靈氣」，對我而言，就是四野無人，死氣沉沉。那一年，大概是我覺得最長的一年吧。

校長：　我明白的，誦軒，你是英華書院的領袖生，又是足球健將。在台上演説的一刻，綠茵場上入球的一秒，你聽到的掌聲與歡呼，與你在坎培拉的生活大相逕庭。是這樣嗎？

誦軒：　那一年內心很多掙扎。我問自己，為了追尋修讀法律的理想而離開香港，究竟是否值得？為了不讓自己胡思亂想，課餘時我到一家中餐館打工，打發時間。總之，感覺就是生活處處不是味兒，實在很想離開坎培拉這個「鬼地方」。

校長：　身處他鄉留學的學生，當中面對的困難和辛酸，確實並非每一個香港學生甚至老師所能了解的，但可喜的是我見你今天已經很融入澳洲的生活了。當時那段「失敗」的經歷，今天重溫，有沒有另一番體會？

誦軒：　有，如果時光能夠倒流，我依然希望能夠經歷那一年的掙扎。我覺得，那一年對於我的成長，引起了很大的轉變。從前，我的香港日程表總是填得滿滿的，根本沒有好好停下來思索人生。在坎培拉的一年，我獨處的時間很多，記得有次一個人在大學漫步，兩旁是隨風飄落的黃葉；呷一口咖啡，腦海浮起很多想法，於是，我便拿起一本筆記簿，坐到一旁，以當時的風景寫了一篇散文。那一年，我寫了很多詩詞與散文，又建立了網誌。今天回看，實在要感謝生命那一段經歷，讓我對人生有了深刻的體會。

校長：　不錯。要是當日你留在香港，也許就沒有培養到今天的世界觀與生命觀了。不經歷過孤獨的過程，哪來從天而降的體驗與智慧。

誦軒：　校長，你的人生一帆風順，從皇仁到港大、畢業到行

醫，哪一樣不是按你計劃、水到渠成呢？但今天的青年人，特別是香港的年輕人，面對激烈競爭、一試定生死、社會財富不均，因而有很多不滿、怨恨和忿怒，你有甚麼想法？

校長：　你說我的學業和事業似乎一帆風順、水到渠成，其實不然。每個人一生走的道路都不同，各有各的故事，各有各的挫敗和困難，甘苦自知。讓我告訴你我的血淚史吧。

　　不錯，我自中學畢業後，便考進心儀的醫學院，在1983年又得到醫生的專業資格，看似平步青雲。但一直希望專修血液病和癌症科（Hematology and Oncology）的我，卻被派往當時剛剛建成、還未全面投入服務的威爾斯親王醫院實習。從少林寺（即當年的瑪麗醫院）被「放逐」到新界的邊疆，心裡不爽，再加上當年的威爾斯親王醫院（俗稱「威記」）沒有血液病和癌症科的專業訓練，我只能望門興嘆了。

　　然而，在威記工作了兩年，老闆（病理學系教授）相當欣賞我的表現，於是介紹我到美國紐約州Rochester的Strong Memorial Hospital進修血液病和癌症科。懷著興奮

的心情，手裡拿著教授的推薦信，在1986年的冬天，我到了Rochester面試，爭取這個夢寐以求的訓練機會。想不到，所謂的面試原來是臨床考試。憑著過五關斬六將的毅力，我終於完成了一整天的考核。高興的是我擊倒了二十多位美國的年輕醫生，被院方揀選為當年唯一被招募的實習醫生（Hematology and Oncology Residence）。興奮的消息還沒有消化下來，一盤冷水卻從天而降。原來我作為非本地人要拿到美國政府的工作證，要申請美國的J1簽證。這項簽證的特別要求，就是要先拿到我當時的僱主（即香港醫務衛生署）予我六年訓練完成後的工作保證！我想這是天方夜譚，到手的合約書，只好掉進廢紙箱裡了，彷彿門打開卻又無緣邁進。當我寫信給Strong Memorial Hospital放棄他們的聘請，眼淚不禁往心裡流。

誦軒：　當時的你怎樣面對它？有抱怨嗎？有想過放棄嗎？

校長：　抱怨？當然，但更多是無奈。放棄？那不會，我相信運氣是留給有準備的人。就在我於十字路口徬徨之際，我的機會又來了。

誦軒：　甚麼機會？是另一所Hematology and Oncology醫院的訓練工作？

校長：　非也。人在碰壁時得另尋出路。當時中大消化科主任因我的工作表現不錯，又知我喜愛學術研究，於是召我入威記的消化科作內視鏡和消化疾病研究。當時的我，一個年輕學生得到教授垂青，自然喜出望外。消化科的訓練比很多學科都來得艱辛和苦澀，在內科各專業之中，除了心臟科外，消化科是少數經常晚上要回醫院替病人作急救治療的。腸胃出血或膽管阻塞的病人，若得不到迅速的內視鏡治療，後果不堪設想。還記得當年威院只有我一人當消化科訓練，工作既刺激又沉重。白天工作完畢後，我便把事先取下的胃組織樣本，培植幽門螺旋菌，作胃潰瘍和胃癌等病例研究，又或把從病人膽管內取出的結石，在電子顯微鏡下仔細觀察。當搜集好研究資料，便要作分析，然後寫論文。這樣白天看病、晚上科研的日子，既艱苦又興奮。

　　但好景不常，當我工作漸上軌道、研究稍有成果時，我的事業又觸礁了。因為人事上的問題，在不快和失望的情緒下，我只好掛冠而去，放棄不錯的薪水。我知道假若勉強留下，只會弄得更不愉快。至於不和原

因，在這裡不便詳述。之後，我毅然離開香港；在飛機上，我更向香港揮手道別，心想決不重回這個傷心地。

誦軒： 能令你下這麼大的決心，當中的失意肯定很大了。大概是醫院裡的政治角力吧？

校長： 甚麼故事其實不重要，重要的是遇上挫折時怎樣面對。結果我前往加拿大讀博士學位。你有沒有想過，當時已任醫生六年的我，放下醫院臨床工作，脫下白袍和驕傲，丟掉聽筒和自我，變回一個學生是怎樣的光景呢？在加拿大頭一年的嚴冬裡，我還未有車（因為香港車牌不適用，而北美的汽車跟香港不同），在攝氏零下二三十度的氣溫下，站在街頭等公共交通工具，只消五分鐘便受不了，不但手腳和臉頰冰冷，吸一口氣連肺部都感到結冰。我曾想過要是巴士還不快點出現，我這醫生可能凍死街頭。再者，在冰雪上走路實在不容易，一不留神便會滑至四腳朝天，又痛又尷尬，連路過的小朋友也覺得你不中用。在孤單和痛苦之際，我曾多次問自己：到底我犯了甚麼錯，落得如斯下場？為甚麼我的仕途如此不濟？為甚麼我這麼努力付出代價，卻沒有得到應得的收

穫和回報，不及我的同輩或同學，早已飛黃騰達了？

誦軒： 雖然我們都知道每個人有自己的路要走，不能相提並論。可是，人無完人，總會有脆弱的時候吧。記得赴澳之後幾年，文憑試公布法學院的收生數據，以我當年的成績不難被取錄。我也想過這是天意，告訴自己沒有無奈的人生就不算人生。況且今天回頭看，我的選擇還是一樣。畢竟沒有當天的經歷，就沒有今天的我呢。話說回來，最後你到底如何走下去？

校長： 啊，原來我們離開自怨自艾的困局，放下不堪回首的情緒，努力向前看，不停學習不怕失敗，不斷優化自己，不適應、不方便的生活便很快過去。現在想起來，我在加拿大讀博士的三年，是我一生最受用的時光。在孤單和困難的磨練裡，我學會了照顧自己，學會了安然自處，學會了與人相處，學會了體恤他人，學會了放眼遠方，甚至連英語也學得更流利、更得體了。之後，我回想那些對我不友善、甚至針對我的人，也給我學習寬恕的機會。起碼我學會不要以他們的態度對待別人，這也是生命中重要的一課。

誦軒： 　那為甚麼在加拿大生活得不錯，卻又毅然回港，更重返你原先的工作崗位，那令你黯然神傷之地？

校長： 　誦軒，你知道嗎？這就是人生有趣的地方。我們一生遇上甚麼，做些甚麼，抉擇甚麼，往往不是我們可以預見、可以計劃的。當你感到前路茫茫、不知方向之際，有時候這邊門關上了，不知怎的，那邊門又給你打開。

　　我很喜歡王維的詩：

中歲頗好道，晚家南山陲。

興來每獨往，勝事空自知。

行到水窮處，坐看雲起時。

偶然值林叟，談笑無還期。

詩人以老前輩之經驗，似是描繪山野叢林，卻又帶出生命之道：行到水窮處，坐看雲起時。有時人生若見大霧迷茫，看不見前路，走不出困境，那就不妨坐下歇一歇、靜一靜，往後便豁然開朗。

　　當三年過去，我的博士論文快完成之際，我便向加拿大十個省份的十所教學醫院發求職信。可惜天意弄

人，1992年的加拿大進入全國經濟大衰退，全國失業率上升，所有省份連醫院病牀也要大幅削減，一些接近百年歷史的大醫院也面臨關門。對於我這非本地畢業的醫生，在那時候找工作確是難上加難。從 British Columbia 到 Nova Scotia，我發出的十封信，一個回覆也沒有。就在這畢業等於失業的景況裡，忽然傳來香港的長途電話，中文大學內科系聘請消化科講師（相等於助理教授），對方問我有興趣否，我二話不說便答應了。

誦軒： 明白了，這就是你所說「這邊門關上了，那邊門又給你打開」的意思吧。

校長： 不錯。不過門是打開了，甫進去，還要努力把門這邊學到的，應用在門的另一邊。從講師到講座教授，當中還有很多掙扎、很多汗水。誦軒，老人家的故事，今天暫且說到這裡了。你怎樣看？對你有點啟發嗎？

誦軒： 嗯，生命裡我們怎能事事都在掌握之中？但是保持健康的心態，用心體驗，回頭看，一路走來的風景就最獨一無二，無可取替。媽媽很喜歡的一句話，我一直銘記於心：「一切都是最好的安排。」

6

父母恩

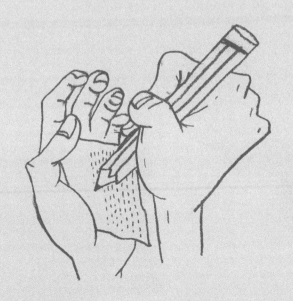

她渺小的世界

校長：

　　曾經跟中學的同學在海旁暢談未來。四個男孩，坐在樓梯間，盤算著人生計劃。講到生命的另一半，大家雀躍非常，言談間充滿期盼；但一談到生兒育女，卻不禁有所遲疑。我想，是因為大家都知道，供養孩子實在是項巨大的工程，且歷時一輩子。的確，把我養育成人一點也不容易。

　　很小的時候，我總喜歡把電話當作玩具，不肯放手。母親千叮萬囑，叫我切勿亂按「三個9字」。有一天，母親在廚房燒飯，突然聽見我嚎啕大哭；在我手上接過電話後，才發現話筒中是位警察，義正辭嚴，告誡母親別再讓我亂撥電話。我心裡滿是委屈，原因是我聽了母親的話，只是撥了「四個9字」。

　　到了澳洲，升上幼稚園後，淘氣依然。每天母親總為我準備

小食，又經常提醒我要大方一點，與同學分享食物。母親的吩咐，我一直記在心中。有天放學，我興奮地跳上車，一心要跟母親分享校園生活的喜悅。

「媽，今天我把錢派給同學，請大夥兒到小吃店買零食，結交了很多新朋友。」

「你哪裡有錢派給同學？」

「我在房間放零錢的盒子取的。你放心呀，取的都是最小的硬幣，大的都留下了。」

校長，你來過澳洲，相信你會知道，澳洲與香港的硬幣制度不一樣：面積越小，其實面值越大。結果，弄得母親哭笑不得。

度過那段無憂無慮、簡單樸實的童年歲月，充滿稚氣的孩子要升讀小學了。五歲那年暑假，母親為了讓我學習中文，帶我從澳洲回港生活。但是，基於中文底子較弱，找一所學校收留我卻成了一大難事。拖著母親的手，給學校遞上一個又一個厚厚的公文夾，卻換來一次又一次的失望。當時年紀小，但是總記得有次某校長跟我面試的經歷。我坐在校長面前，臨場讀默，結果把母親曾經教過的字寫得左右翻轉，親手斷送學位。母親沒有責怪，依

然堅持，最後苦盡甘來，得到家附近一所小學的取錄。

　　由於我與班上同學的中文能力有一段距離，小一那年的學習還是相當吃力。回家後，母親對我功課的要求也就特別嚴謹；字寫得不好，就把它擦掉重寫，直到滿意為止。從寫好單詞，我慢慢地學會了用成語來造句。從前家裡的圓桌，陪伴過兩母子無數的時光，也見證著我的成長。我在圓桌上發現了中文的美，生活從此離不開朗誦與演講比賽，也逐漸愛上了寫作。升上中學後，培養了自己的一套讀書方法，母親的角色也有所轉變。她再沒有孜孜不倦地教導，只有默默地支持和對我抱有堅定的信任，放手讓我跌跌撞撞，探索更大的世界。

　　考進大學後，修讀的雙學位課程十分繁重，總讓我應接不暇；平日早出晚歸，不是留在圖書館讀書，就是到律師樓實習。再不願意也好，我也沒辦法跟以往一樣，能夠隨時隨地陪伴在母親左右。可是，這些年來看到父母的改變，感覺他們真的老了。我試過因為這樣開始著急，很渴望成長，問到底要等到何時才能熬到出頭天，可以好好報答他們。有天，想清楚了，不需要待出頭天，今天及時陪伴與關懷，就是愛的表現。

　　小時候，母親帶我四處遨遊，現在我帶著母親騎車而馳。一

個下午，把功課放下，與母親到咖啡廳坐著，平靜地、悠閒地，談著學校與公司發生的趣事，是整天最舒暢的時刻。有時候，在圖書館讀晚了，還是會拒絕跟友人到市中心吃飯的邀請，只想回家吃母親弄的一手飯菜。現在，總會不時為母親塗上一層又一層的染髮劑，就像彌補自己讓母親操勞的罪過。這份愛，是有點無奈、有點慚愧，又帶點期盼與溫暖。我總相信，每個人都愛護雙親，只是太多時候太多責任，讓都市人不經意地把他們忽略了。又或者，在這花花世界裡，母愛也太不起眼了。

今天，我能夠獨立生活，處理所有學業的安排。可是，如昔日一樣，母親仍會為我奔波勞碌、操心和著急。母親是家裡做最多事、也是最低調的人。最早起床的是她，為我準備午飯；最晚睡的也是她，待書桌關燈後，才有閒情看喜愛的視頻。我總會叫她回房早點休息，然後繼續挑燈夜讀。讀到累了的時候總會望她一下，不知多少次看見她手執 iPad 睡著了。為免弄醒她，我如小偷般放輕腳步，走到她面前關閉螢幕。就在那刻，我清楚看到母親的倦容，以及她為我和弟弟操勞留下的印記，心中一陣難過，繼而反思我們所做的一切，能夠對得住母親犧牲的歲月和生命嗎？我知道哪怕是天塌下來、躺臥病床，她只要有一天，她的心都是想著孩

子。因為這樣，我更想做個好人，別讓母親擔心。

在我成長的路上，母親跟我和弟弟說的大道理並不多。然而，沒有花言巧語和不著眼的舉動，我和弟弟都放在眼內。小時候，總不明白她為甚麼說「做人別怕吃虧」。做人明明知道沒有回報，對方也未必欣賞，為何要自討苦吃？我們還經常投訴母親太傻，總為別人設想，把自己放到最後。長大了，尤其現在多了工作經驗後，才發現母親的話一生受用。為了我和弟弟，母親能夠做的事很多，例如她知我和弟弟很緊張髮型，來到澳洲後，再沒有相熟的髮型師，幾次到髮型屋都是失望而回。於是，她有次回港，跟從小幫我剪髮的阿姨取經，買了一套剪髮的工具來澳洲。有好一陣子，她晚上總是看著剪髮的教學視頻。到了今天，她已經是我和弟弟的御用理髮師。凡事不問回報，親力親為，盡心盡力，是母親無言的教誨。

2012年，有段比較低落的時候，母親隨意地在我用完的補充練習本塗添幾筆，把一節歌詞送給我。我把這段文字從香港帶來澳洲，一路放在書桌旁，不時閱讀：

活著活著是永遠尋求
每個際遇要安心靜候

算了吧　人成長總有一些起跌

長路裡有我在背後

喜歡的不代表佔有

替彼方想多一想世情易接受

如感迷途　不要徬徨

嘆息收起望以後

路上路上或挫折重重

每每挫敗也許不易受

要記著事事如不可以不必強求

難受處一定有

　　母親的世界是渺小的，因為她只看見自己的孩子；母親的世界也是偉大的，因為她用生命影響生命。成長的道路也許孤單，但絕不寂寞，因為她的愛常在生命裡頭。回想她帶我走過的大街小巷，還有跟我童年盪鞦韆和玩紙燈籠以及段段趣事，都叫人感恩。她放棄了工作，把照顧我和弟弟作為終身事業，我們心底裡實在充滿無言的感激。她的以身作則，是進步的提醒；髮上的銀絲、臉上疲憊的神情、戴上老花鏡的模樣，是我和弟弟堅強走下去的動力——母親的養育深恩，倘若能夠償還，哪怕要窮一輩子呢？

能愛的時候要愛

誦軒：

你筆下對父母親之恩情，使我感動萬分。我為你爸爸媽媽有你這樣的孩子感到驕傲，且實在令人又羨又妒。坦白說，世上極少父母不渴望子女成材，大都期望他們了解自己的一片苦心，並願意把自己最好的放在他們身上。但作為子女的，能體會多少呢？

身為醫生，我看過不少這樣的情景：孩子病了，父母廢寢忘餐照顧。最令人動容的，是孩子病重垂危，父母自願捐獻器官，或腎臟，或肝臟，甚或骨髓，為救孩子性命，絕不怕受皮肉之苦，可說個人性命也在所不顧。父母愛子女之心毋庸置疑，那倘若患病的是父親或母親，願意捐獻器官的子女又有多少呢？

有時為人父母的，出於愛子心切，甚至憂心過度，做了一些不理性的判斷。猶記得我女兒小時候有次發燒，體溫大概四十度，

還嘔吐了一兩次（其實小孩子生病嘔吐是十分平常的），就令我當醫生的太太焦躁得像熱鍋上的螞蟻，並在沒有證據的情況下，便診斷女兒患腦膜炎，須馬上入院診治。若換個場景，在安老院舍的公公婆婆有病要看醫生，其子女又會有甚麼反應？會珍惜、感謝父母的子女又有多少？

不過，我自問是一個失敗的父親。物質的供養，絕不能滿足孩子的心。我一直相信物質越豐富，孩子越難珍惜擁有。而我覺得除了衣食住行、供書教學外，很多父母為子女做的也許超越了理性和實際需要，甚至過分保護及溺愛他們。例如不少父母説要為兒女置業，起碼幫他們付首期，好讓他們將來成家立室時有瓦遮頭，才算完成作為父母的責任，這實在令我有點茫然。而在大學資訊日，我亦見過家長帶著孩子詢問課程和入學資格，孩子則被動地坐在一旁。到入宿那天，媽媽帶著家傭為孩子整理衣物。還有，我在醫院工作的部門，收到母親來電投訴當醫生的兒子當值次數太多，沒時間回家吃飯。這都反映了父母愛孩子心切，卻不知不覺培育出不會珍惜、不懂感恩、甚至欠缺自理及獨立處事能力的小霸王。

你的媽媽是個好榜樣，沒有放縱，也沒有溺愛。你説她「只有

默默地支持和對我抱有堅定的信任，放手讓我跌跌撞撞，探索更大的世界」，這是十分難得的。

父母的性格和言行，都是教育孩子的重要教材。如果父母教子女做人要溫柔有禮，自己卻是暴躁輕狂，實在難叫孩子服氣。如果父母教子女誠實良善，自己卻是貪婪險惡，便很難確立孩子的道德價值觀。作為兩個女兒的父親二十多年，我學了一些教育之道，有些是從書籍和研究資料領悟的，有些是和太太一起觀察和討論出來的，更多的是從錯誤和失敗中體會的，可謂有血有淚。

做父母的，要尊重孩子。所以，父母與子女溝通要溫和，言詞不能帶侮辱之意，關顧他們的自尊。親子關係顯然要像朋友那樣，親近而無所不談，彼此互尊互諒。

做父母的，要以真誠的愛去對待孩子。一句鼓勵的說話，一個擁抱，都能讓孩子感到家庭溫暖以及親情之可貴，並讓他們知道父母是他們最親的人、最可信的朋友。

做父母的，要糾正孩子違背社會規範的行為。反過來說，父母須肯定孩子的正確行為，並加以讚賞。

為人父母真不容易。疼愛孩子，又怕一不小心變成放縱他們；為他們犧牲，他們又未必受落。還有，當為他們作好準備，

他們或許覺得你扼殺他們的選擇權。在孩子成長的過程中，父母流下多少淚水，我到今天才領悟。為人父親，但願我能盡責，無愧於心。

做了父親後，我才懂得欣賞父母。我想，像你一樣明白「父母恩，勝萬金」的不多。陳百強的名曲《念親恩》，真的道盡天下父母心。

誦軒，你說很渴望成長出人頭地，可以好好報答父母，後來想清楚了，不需要待出頭天，今天及時的陪伴與關懷，就是愛的表現。你或許不知會感恩的孩子如你，是多麼可貴。

你在媽媽生日那天在 Facebook 上寫給她的一番話叫我動容。你說對媽媽的感覺，「要我能說的時候要說，能寫的時候要寫，能愛的時候要愛。對著你，就像你對著我一樣，毫無保留。」多麼的窩心。你父母是世上最幸福的一對。

1

教育制度

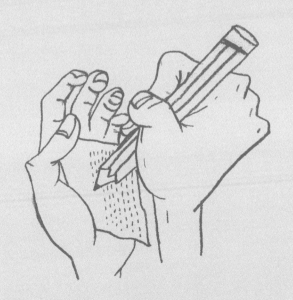

向錢看的教育

誦軒：

　　這是一個崇尚物質主義的時代。前一陣子，我在面書看到一則內地新聞，把我嚇呆了。話說一個十來歲的中學生，為了買一部最新型號的蘋果手機，把自己的腎臟賣掉。出賣器官的價錢是兩萬人民幣，但經過幾個中介者七除八扣，只剩下六千元，「還好可以買一部手機加一部 iPad」，非常荒唐。我想，學校的教育徹底失敗了。不然，怎會有這樣的年青人！

　　今天的高等教育，以畢業生的工資來評估教育成效。因此，報章會把每所大學畢業生頭一年的平均收入作比較。此外，今天的大學最關注排名，特別是金融及市場管理課程（MBA 和 EMBA），且愛比較這些課程的畢業生薪酬上升幅度。一位在國內頂尖大學任教多年的老師，退休後在一次演講中說：「我記得幾年

前，母校開甚麼紀念會，有一個人說部長以上有多少是出自我校的。我相信除此之外，高科技的企業家、富豪榜上的也一定有很多出自本校。如果一所學校，不管多高智商的學生，他的注意力和引導的方向都是往這個方向走，我覺得就屬於精神上的摧毀。今天社會面對的危險不在於揭竿而起的動亂，而在於道德與價值觀的潰爛。全民族精神的墮落是很可悲，一代人的失落很可怕。」

記得我當校長的第二年，大學決定把原本三小時長的畢業典禮一分為二，因此要求我在典禮上給畢業生說幾句勉勵的話。於是，我便隨意寫了一段兩分鐘的講辭，題目是「不負此生」，用意是勸導同學不要盲目崇拜金錢、物質和權力。當中有這樣的一段：

> 今天早上我翻閱了畢業禮的典禮流程。當我見到畢業生名冊上你們的名字，我按手其上，低頭為你們每一位禱告。
>
> 我祈求你們離校後，都能過著「不負此生」的生活。你們或會問：「怎樣才算是『不負此生』的生活呢？」
>
> 首先，我希望你們能儉樸地生活。在過去的三至五年間，大家完成了大學各項課程，以真才實學和專業知識好好裝備了自己。我肯定大家都能學以致用，前程錦繡。但容我提醒各

位一句：快樂與金錢和物質的豐盛並無必然關係。一個溫馨的家、簡單的衣著、健康的飲食，就是樂之所在。漫無止境地追求奢華，遠不如儉樸生活那樣能帶給你幸福和快樂。

其次，我希望你們能過高尚的生活。我們的社會有很多陰暗面：不公、剝削、詐騙等等。我籲請大家為了母校的聲譽，務必要莊敬自強，公平待人，不可欺侮弱勢的人，也不可以做損及他人或自己的事。高尚的生活是對一己的良知無悔，維護公義，事事都以道德為依歸。這樣高尚地過活，你們必有所得。

其三，是我希望你們能過謙卑的生活。我們要有服務他人的謙卑心懷，時刻不忘為社會、國家，以至全人類出力。一個謙卑的人並不固執己見，而是會虛懷若谷地聆聽他人的言論。偉大的人物也不會整天仰望山巔，他亦會蹲下來為他的弟兄濯足。

假如你擁有高尚的情操，過著儉樸的生活，並且存謙卑的心，那麼你的生活必會非常充實。你會是個愛家庭、重朋友，而且關心自己健康的人。你不會著意於社會能給你甚麼，但會十分重視你能為社會付出甚麼。

當時我說這番話，只覺得是老生常談，沒有想過這麼簡單的訊息，竟然被轉載在香港的多份報章，繼而在內地的社交網站上廣泛流傳，聽說網上點擊率逾一百萬次。四年後的今天，我在國內大學校長的交流會上，仍會不時討論這段畢業典禮講辭。大家都認同一個事實：今天的教育，太強調經濟和影響力的效益。

社會似乎已接受了教育制度價值觀之轉變，實在令人惋惜。學生報考大學或主修範疇時，不是基於興趣，而是考慮該課程的出路和專業地位。家長為子女選校選科時，不是基於教育素質和思維培育，而是大學的名氣和學科的就業導向，以致歷史、哲學等人文學科，甚至物理、化學等都成為冷門學科。僱主招聘大學畢業生時，不是基於他們的才幹和品德，而是他們所讀的大學。因此，排名最前的學府，如哈佛大學和史丹福大學的學費，怎樣提高也不成問題，而該校畢業生的身價亦不斷提高。再者，有時候，社會人士對大學提供的贊助和捐獻，不一定基於他們對提升教育素質的認同，而是大學排名採用的表面化研究指標和經濟效益。在這樣的氛圍下，學生畢業後所追求的，就側重於個人在金錢和地位上的回報。

我們常常慨嘆教育制度因市場價值而扭曲，可是我們(學生、家長、老師和僱主)卻要為這個問題負責。要改變這個現象，整個社會、家長和政府的價值取向都要有所改變。試想：我們的金融和風險管理專才，著重個人入息而非社會整體經濟的穩定發展；我們的醫護人員，關心的是超時補貼和生活素質而非病人健康和專業精神；我們的法律專業，強調的是他們代表的客戶能負擔多少訴訟費而非事實與公義，那我們的社會會變成怎樣？向錢看的教育，會把我們的社會推到一個因利忘義、弱肉強食的文明沙漠裡。

「大學之道，在明明德，在親民，在止於至善。知止而後有定，定而後能靜，靜而後能安，安而後能慮，慮而後能得。物有本末，事有終始，知所先後，則近道矣。」這段出自《大學》的話，林語堂譯得太好了。他說：「高等教育的目標在於保存人高尚的品格，在賦予人民新的生命，在止於完美之境。知道止於完美的境界之後，對人生才有固定的宗旨。對人生有了固定的宗旨，才能得到心境的寧靜。得到心境的寧靜之後，才能安然自處。能安然自處，才能用心思考。能思考，才能有所知。而每件事務之演變上也是有其開始，有其終結的。因此了解事物之正常關聯的順序，乃是智慧之始。」沒有道德和價值觀的教育，算不上是教育。

金錢以外

校長：

　　看過你這次來信，談敗壞的功利教育，心情有點沉重。我明白你在提醒學生要重視培養品格，別總向錢看。可是，對很多人而言，尤其是在香港這個價值扭曲的社會裡，這一點實在是知易行難。

　　很多人沒有我這麼幸運，出生於健全的家庭，不用擔心三餐溫飽。中學時有位校外朋友，從小父母離異，家裡的長兄又不思進取，終日沉迷電玩，養活家人的責任便自然落在她身上。於是，她在早上當學生，晚上就做模特兒，如今考進了專業學院，課餘時便忙於打理其模特兒公司的業務，生活一點也不容易。香港貧富懸殊之嚴重，位居世界先進城市之首，對於很多經濟環境較差的朋友，生活就是為了糊口，哪有空閒思索人生？

也許有人會說上述的是極端例子，不能一概而論，但其實「一般學生」還是要顧慮現實生活。大學學位貶值，香港樓價卻不斷攀升至冠絕全球，一個普通的物業動輒數百萬元。如果連置業都成問題，畢業後仍要依賴父母，有誰不感到無奈呢？在悉尼，身邊很多同學都經常抱怨當地樓價高企，但是與香港相比，還是有好一段距離。也許在富裕的香港，很多家庭都不需要孩子擔心家計。然而，哪有孩子不想早日供養父母，靠自己的一雙手讓他們過更好的日子呢？現實社會往往叫年輕一輩感到無力，畢竟他們知道理想不可以當飯吃，因此很多鍾情人文學科或科學的學生，都基於出路問題退而求其次，選擇實用的專業學科，期望畢業後找份穩定工作，慢慢積累及經營財富，然後再談如何實現理想。

這個可悲現象的形成，並非毫無緣由。我們都是資本主義的產物，從小被灌輸要靠知識去換取財富，透過學歷贏取社經地位。仔細看我們的教育制度，便會發現它和這種意識形態緊密融合。從小到大，教室裡最重要的就是應試能力，香港的填鴨式教育扼殺學生的創意思維和獨立思考。只要上課認真抄寫筆記，下課到補習社多加操練，回家專注熟習應試題型，考試時曉得運用「必勝」技巧……如是者，每天、每年持之而恆，咬緊牙關，下一站便是大學。

在香港，不少學生都是一台考試機器。校長，你知道我喜歡傳統中國文化裡的人生哲理。說實話，雖然中學時候默書拿一百分，但跟身邊很多同學一樣，當時並沒有用心領略那些金石良言的道理。再者，面對排山倒海的評核考試，根本沒有空間、自由與心力求知。誠然，學生也有責任。不過，我想這也是香港教育制度失敗的又一力證吧。而當中學生升上大學之後，情況截然不同，也就應當反思，在一個急功近利的香港，我們該如何自處。

我們總以財富來斷定一個人在社會的地位高低，因為眼中只看到錢。但龍應台教授提醒，文學能夠「使看不見的東西被看見」。文學能拓闊視野，該放眼的還有很多。

最近讀過德國暢銷作家 Hans Fallada 所著的 *Alone in Berlin*，書中講述柏林在 1940 年代初的社會狀態。當時納粹德軍高度監控人民，安守本分、附和元首的人相當多。其中，一對夫婦的兒子應召入伍，卻在納粹德軍戰勝法國一役戰死沙場。愛兒的離去，令他們對領袖希特拉改觀，從以往的絕對服從，轉而加入反抗納粹德軍的陣營，開始在不同地方擺放寫上反抗言論的小卡片。可是，在計劃成功之前，他們被黨衛軍盯上了，人身安全岌岌可危。不久，他們被抓上了，卻依然面不改容，威武不屈；其後在監獄所遭

受的折磨與內心掙扎，都沒有令他們卑躬屈膝。

作品很仔細描述夫婦的心路歷程，讓我看到在道德沉淪、價值觀扭曲的納粹管治下，明知不可為而為之的可貴，以及他們追尋和平的勇氣。接觸文學對我意義重大，它讓我看清社會不同的價值觀，觀照心靈。

至於我的本科——法律，課堂解釋法院如何秉持公義，就提醒我造福社會的基本要素和彰顯法治的重要。雖然還有兩年多才完成學位，已獲益匪淺。尤其深刻的，是去年修讀的刑事程序課程，與教授就有關法庭量刑進行了三週的法哲討論。量刑是刑事司法的重要一環，法庭的職責是在被告人經審訊後，因應案件的有關事項，應用相關的原則，判決公正而合適的刑罰。刑罰的主要目的包括懲罰、更生、阻嚇和社區保護。雖然它們的出發點都在於保障公眾利益，但卻在量刑過程中相互制衡。簡單來說，法庭有時會在某些案件側重某一目的，而判處較輕或較重的刑罰。

執筆至此，不禁想起去年回港，跟著師傅到地區裁判法院的經歷。有位中年男子被控偷竊，有三十次類似的犯罪案底，涉嫌出獄後隨即再犯。他偷的不是金銀珠寶，而是超市的兩包零食。在法庭裡，他晏然自若，沒有絲毫焦慮不安。裁判官問他：「你是否認

罪？」只見他繼續悠然自得：「認罪。」前任澳洲首席大法官、現為香港終審法院非常任法官的布仁立爵士（Sir Francis Gerard Brennan）曾説過：「判決合適刑罰的責任就只能徹底落在審理案件的法官身上。」到底何謂「合適」？面對這類屢勸不改的被告，把他鎖在牢裡？還是針對他所罹患的病態，判入康復所，幫助他重回正軌？量刑是一門藝術，不存在數學方程式，亦是一項艱巨及具挑戰性的工作。判決合適的刑罰，不僅依照法律的原則，更要兼顧道德的考慮。學習法律，讓我洞悉法條的局限，明白律師在維持社會公義的角色。學習法哲，讓我看見惻隱之心的可貴，以及伸張社會公義這更高層次的價值。經濟，可不是推動社會進步的唯一價值。

走出大學，走進社區，培養了我對社區的關懷。有空的時候，我總喜歡漫遊街頭的大街小巷，觀察人生百態。人無完人，也沒有完全的惡人，我總覺得人性有善良一面。有次在悉尼，我看見一位粗眉大眼、虎背熊腰的工人推著裝滿蒸餾水的手推車疾步走在街頭。在大廈門前，他正想用一桶蒸餾水把門撐住，再把車子推進去，只見路過的一名老人走到他身旁示好，並示意他把蒸餾水搬回手推車上，一手為他撐著門。工人誠懇地向老人道謝，再把手推車推進辦公大樓。之後，那清瘦的老人掛著慈祥的笑容，

望著工人的背影慢慢離去。如此動人的生活片段，並沒甚麼大仁大義，卻讓人看到惻隱助人的美麗。

然而，社區裡「不美麗」的事似乎對我有更深刻的影響。還在香港讀書時，有次應邀跟記者到灣仔藍屋進行文化保育考察，訪問從事鐵材加工的老闆伍師傅。師傅在唐樓地舖經營家庭式工業，平日為建造商切割建材。他說，隨著內地建材興起，他的生意漸趨式微，目前只依靠舊顧客維生。期間，師傅私下跟我說的一席話未敢忘記。他提到有次收到有關重建遷舖的文件，基於學識有限，不懂英語，糊裡糊塗便簽名，卻不知所為何事。他千叮萬囑我要用功讀書，將來要當專業人士，別像他那樣「無用」。聽著他的話，我的心往下沉，彷彿看見香港繁華背後的代價，與此同時認知課本上學不來的人文關懷之重要。

校長，身處經濟主導的社會，現實裡的牽制和負擔，實在成為年輕人追尋夢想的羈絆。你提到的現象非一朝一夕而生，更非一下子可以解決。但是人們明知社會功利，而選擇隨波逐流，就是社會的不幸。我想，最好的對策就是培養人文關懷，修養身心。在醜陋的制度下，更要有獨立的精神、思想的自由。面對價值的衝擊時，總得明辨是非，為人性善良的一面創造土壤。

8

師
生
關
係

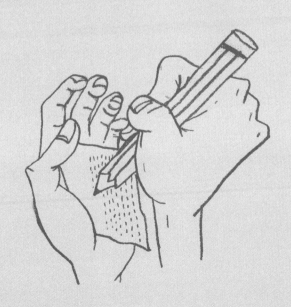

祖堯BB

誦軒：

　　那天你出奇地問我，堂堂一個大學校長，竟在大庭廣眾讓學生直呼名字，還加上「BB」封號，有否感到尷尬、甚至被侮辱？老實說，我當初也感到怪怪的，既有一點尷尬，又有一點喜悅。這樣的稱呼，到底是代表我的行為舉止稚氣、笨拙，還是對我釋出善意呢？但我漸漸發現，這樣稱呼我的，都是極其友善的學生，且在一些非正式的場合，人聲喧嘩時才喊「祖堯BB」。

　　然而，我心裡仍有幾個問題：首先，以我的年紀，剛好與他們父母親的年齡相若，難道在家中的大學生，也用BB來稱呼他們的父母？若果不然的話，難道我比家中的父母來得親切？事實是這樣稱呼我的大部分學生，我與他或她都素未謀面，友善還可以，又怎談得上親切呢？想到這裡，我有點受寵若驚。他們可能在某場合

與我遙距相接，也許讀過我的文章（其實我的文章不多，主要是平均每月一篇的網誌），因而產生共鳴和好感。

畢竟，我發現年輕人一旦與長輩有共同話題，彼此年齡差距便不成問題。回想我年輕求學時，也有一些老師和我們亦師亦友，有的更成了我們的偶像，以及終身學習的對象，只是我們較保守和有矜持，加上沒有膽量，故不會如時下年輕人跟老師搭膊頭或玩自拍（selfie）吧。誠然，如老師能放下身段，與同學熟稔，對學生學習及做人均有正面影響。不過，這又會否破壞師生關係呢？老師要教學甚至教誨時，還能備受同學尊重、信服嗎？

誦軒，我知道英華書院校長備受尊敬，你們的師生關係如何？

我的想法是這樣的：在小學甚至中學裡，學生比較年幼，與老師的年齡差距較大，一些家長式的教導是需要的，也無可避免。但大學生畢竟已是成人，老師的角色有所不同。教授和講師將其研究的專長傳授學生，隨著學生的知識日長，接觸的科學日新，加上更能獨立思考，師生關係便不能再以家長方式相處，真的可以平起平坐、亦師亦友，務求以生命影響生命。

誦軒，我倆萍水相逢，能有今天的交情，不也是先放下階級觀念，以及地位和年齡的芥蒂嗎？

說到這裡，今天剛參加了大學書院裡的千人宴，我與同學邊吃邊唱，「祖堯BB」的叫聲不絕於耳。聽著，我心中只有感激，卻沒有半點尷尬；這可說是我十分享受的一個晚上，但願他日能和你分享這樣的快樂時光。

一輩子的事

校長：

　　談起師生關係，中學課堂的片段逐一浮現眼前——那是最寶貴的青蔥歲月。

　　雖然我覺得以「BB」來稱呼長輩有點奇怪，事關這個現象在英華這所男校甚少出現，但同學對老師也有各式各樣的親切稱呼。我想，幾乎每位老師都有被我們改下的別名。當我還是中一新生的時候，連老師的全名都未知，已從師兄口中得知老師的別名，有些到了今天還是不知其含義，就如我們稱呼任教數學科的雲老師為「雲佬」。對於這些百思不解的謎團，以前我問過師兄，卻發現原來連「傳授者」也無法解答。

　　作為一家傳統老校，很多英華教職員已為學校服務了逾三十載。即使校長也換了幾遍，他們還是見證著一班又一班的中一新

生初次踏入校門，一屆又一屆的畢業班離開。當然，老師的別名，不管背後有否含意，都會約定俗成被稱呼起來，並且傳開。說實話，有誰在乎這些別名的含意？我們之所以稱呼雲老師為「雲佬」，大概是基於一份調皮的親切感，承載著英華人的一些集體回憶。這樣說，你會發現學生稱呼你為「祖堯BB」並非出於惡意，而是表達友善的一種方式罷了。

因著別名或花名，師生關係更融洽，甚至亦師亦友。所以，我們每逢聯誼活動，總會邀請老師參與。每場「英超」（英華超級足球聯賽）賽事，場邊總有班主任和科任老師為我們打氣。班主任的別名很多，有同學稱她為「媽子」，大概是有感於她對我們那種不計較的付出與愛護。你問她甚麼叫「越位」，她只會一頭霧水，但她總是第一個到場支持我們。球場以外，每年的聖詩歌唱比賽，老師又會應邀與我們上台演唱，而且他們絕不馬虎，必定抽空參與排練。他們的用心，即使再粗心的男孩也能感受到。

雖然課餘時間與老師老友鬼鬼，每當課堂講授重要課題時，我們始終懂得權衡輕重，配合教學進度。儘管今天師生關係有所改變，不再像從前般畢恭畢敬，學生還是懂得尊師重道的道理。再者，我的經歷告訴我，亦師亦友的關係更能幫助學生成長，尤其是

準備公開試的時候。高中三年，每位英華同學都過著不一樣的生活：有的忙於參與課外活動，有的埋首學會公務，有的放學後便直奔補習社……然而，不約而同的是大家都有學業壓力，因而在上課時收拾心情，在疲憊裡提起精神，用心抄寫筆記。那時，我們最需要的不是老師權威式的教導，而是他們願意聆聽我們的疑慮與困難。眾所周知，在香港考取好成績，最大秘訣就是不斷操練舊試題，熟習應試技巧。這個過程相當孤獨，除了講求知識以外，更重要的是良好的心理狀態。老師作為過來人，分享其經歷與心得，或能幫學生解開心結，務求教學效果更顯著。

不過，正如你所言，在不同的學生階段，老師所扮演的角色都不一樣。就算是同一所中學裡，老師對待高低年級同學的方式也有別。初中講求更多學科的基礎知識，打好根基確實需要較嚴厲的鞭策。其次，學生開始踏入反叛期，尤其是男孩子，培養他們一套良好價值觀尤其重要，於是老師的角色更加舉足輕重。記得中一的英文課，每當回答老師問題時，我往往沒有舉手便衝口而出，因此被「罰企」了十分鐘。當時有點難為情，但當今天明白守禮之重要時，實在要感謝昔日老師那份執著。然後升上高年級，也許老師認為大家開始懂事了，相比起家長，老師更像朋友。有

老師為了方便與我們聯繫，甚至會在社交網站開設帳戶及群組，與大家交流。只能説，在香港當老師，實在談何容易。

我很幸運，在成長中遇到很多良師，他們的教導塑造了今天的我。對於男孩子，老師的行動比説話更有力和讓人感動。中五那年，有次參加朗誦比賽，比賽當天我喉嚨不適，練習時實在有點吃力。吳老師(我們都親切地叫她朱太)沒説甚麼，就直往教員室裡，為我準備一杯熱呼呼的蜜糖水。比賽之前我喝了一杯又一杯，結果到了比賽場地後，旁邊的同學數過我大概上了六七次廁所。又有一次，有音樂老師知道我因肌肉過勞而弄傷了，下課後帶我看他相熟的跌打醫師。這些關愛，學生真是無言感激，惟有努力做好自己，免老師操心。

大家都説中學時代認識的朋友最可貴，因為識於微時，沒有利益衝突，也因為彼此見證著大家的成長，豐富了各自的童年歲月。其實，中學老師的出現，同樣可貴和值得銘記。他們做過你的家長，也當過你的好友；扶持過你成長，也見證過你的改變。在大學，雖説有幾位教授也跟我要好，但除了學術上的討論，我們甚少會談及個人或家庭的事，況且他們也不會如中學老師般了解我。與中學老師的那份感情，是用時間培養出來的，從老師在飯堂買一

大盤麥樂雞鼓勵學生，到後來事業有成的大男孩帶老師出外用膳，這樣的情誼天下無雙。

難怪很多同學畢業後赴海外留學，在假期回港短短幾週還是會回母校探望老師，重談昔日趣事。因為，我們都喜歡溫暖的感覺，而這份感覺只有母校能夠給你。今年3月，有老師赴澳與我相聚，一起攀山涉水，他臨別時寫下〈賀聖朝〉一詞，總結是次旅程：

> 丙申二月，赴澳洲訪友，結伴驅車，遊藍山、達令港及諸名勝，七日行千餘里。臨別依依，於歸途賦此遙寄。

> 楚天蕭瑟黃昏後，看雲濤星斗。
> 三分夜色二分愁，恨月圓難久。
> 迢迢千里，山河如繡，共遍尋芳酒。
> 何時還唱醉翁詞，再同遊攜手？

所以我說，中學的師生關係是親切的，是奇妙的，是驚喜的，也是一輩子的事。

9

網絡與資訊

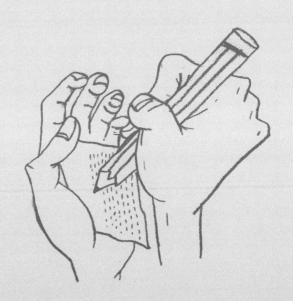

面面俱圓

誦軒：

　　最近我在面書 (Facebook) 貼了一幅照片作為 profile picture，那就是你在悉尼市中心公園噴泉前替我拍的個人照。沒想到不到兩小時，已有差不多兩百個 like，還有很多討論⋯⋯你一言，我一語，好像全世界(起碼我認識的朋友)都不用上班上課，無所事事，一天到晚盯著電腦或智能手機等待更新，然後說說笑笑，抽抽水，多快樂。

　　這是科技的突破，成功打破人與人之間的隔閡，穿越時空的圍牆，把久未相見的朋友、甚至從不相識的陌路人連在一起。怪不得 Facebook 以極低的成本打造網上平台，面世還不到十年，已成為市值超過百億美元的公司。

　　然而，像 Facebook、WeChat、Twitter、WhatsApp 這樣的社交媒

體，除了成功連接群體，創造互聯網上幾可亂真的世界外，更催生了人人著意打造網上的個人形象，長期自我審視和自我關注。

早陣子，《時代》雜誌的封面，是一名十來歲的女孩子，拿著iPhone在玩selfie。這是我每天在巴士、地鐵或任何旅遊景點都看見的景象。那期的題目是：「這是我，我，和我的世代。」文中用希臘神話裡的Narcissus（水仙花神）帶出話題。Narcissus是世上罕見的美男子，傾心於他的少女不計其數，但是他一個都看不上眼，觸怒了天神，要他到河邊看自己的倒影。他看著看著，竟然愛上了倒影，也不知道就是他自己，最後變成水仙花。本身是九十後的作者指出這一代人不斷在網上尋找朋友、尋找自己，他們的自我形象就靠網友的喜好和評價塑造出來。得到網友的認同和肯定，是他們每天追求的目標。

我也試過在Facebook上載個人照、喜愛的食物，並在網上記下自豪的事情。當別人like我的照片，的確有種莫名的喜悅，感覺是被認同了，被追捧了，被讚賞了。但我不希望把個人的自信、自我觀感、自我肯定都建立在Facebook朋友的反應。有人說，在用Facebook一代人的眼中，生命是一場看誰更受歡迎的比賽。討好別人，特別是討好網上朋友，就是生命的意義。

對我而言，真正自由的人，對其個人形象自有想法：他會參考別人的意見，但不需別人認同，更不用改變自己來迎合別人的口味。我想一個成熟的人需有自己的價值觀、道德觀，了解個人的強項和弱點。他不會因別人的 like 而沾沾自喜，也不會因沒有 like 而感到沮喪。

另外，網上資訊雖然多姿多采，包羅萬有，但大部分的資料流於表面，有些甚至是子虛烏有，引人注意。假若年青人單靠網上媒體的資訊了解事物，不作任何批判思考而全盤接收，便很容易作出偏頗的取態。正如大家在網上見到內地自由行旅客在地鐵車廂吃東西、在街上拖著皮喼阻街……便會一竹篙打一船人，引發中港矛盾。然而，現實不是每個內地人都不守法、不禮貌、不文明的。奈何互聯網的影響力太大，Facebook 上載的似乎都是鐵一般的社會現實。

有些情況，大家更稱 Facebook 為大神，膜拜它，並尋求它（或是網友）的智慧。我見過有朋友在 Facebook 上求大神指示如何選擇朋友、解決功課難題，甚至抉擇前途。對此，或許我思想老套，Facebook 等社交媒體比較適合交朋友和分享一些生活點滴，絕不宜過分迷戀或迷信。

　　當然，我並非反對用 Facebook 或其他社交網站，事關我也是 Facebook 常客，只是奉勸不要著意討好社群，失去自我；也不要迷信網絡是萬能，失去獨立思考的能力。

　　誦軒，你在大學唸法律和國際關係，我想聽聽你對新聞及媒體的看法。來指點一下我這老人家吧！

新聞背後

校長：

　　隨著網絡世界的演變，只要一機在手就能傳播及接收訊息，而社交網站已成為很多年輕人接收資訊的主要平台。但正如校長所言，那些被廣泛流傳的網絡訊息不一定是真的。網媒眾多，加上近年獨立媒體的出現，任誰都能夠發布及轉貼新聞，以至有時候想認識一個完全陌生的議題，實在難以入手。至於傳統媒體，透過修讀國際關係，我亦學懂新聞也不能盡信。

　　很多媒體會因廣告收益、迎合讀者口味，又或顧及公司形象，而報導偏頗。這一點已不是新鮮事，在此不贅。但是，網絡世界資訊泛濫，如何讓自己有效地篩選資訊，再有系統地將之整合，繼而作出分析，並建立自己有根有據的一套想法，是社會上甚少討論的，也是最難做好的一環。

　　我留意到很多傳統的新聞媒體都有其政治理念，以致其新聞報導不夠全面。例如在同志平權、安樂死及墮胎合法化等議題上，很多西方媒體報導的篇幅都側重於左派的政治立場上。大學裡有一節課，教授就曾跟我們討論這個現象。他說大部分的新聞工作者的報導都專業持平、有理有據，只是他們大多信奉自由主義的政治理念，不甚了解傳統保守派的想法，故採訪及報導時就容易忽略另一邊的聲音。

　　傳媒公司的政治立場會左右報導方向。相信你聽過環球傳媒大亨梅鐸（Rupert Murdoch）的大名吧。他出生於澳洲墨爾本，在西方國家持有多家知名媒體公司的股權，例如英國的《太陽報》和《泰晤士報》、美國的《華爾街日報》和福克斯新聞頻道等，新聞及政治影響力驚人。在澳洲，他是新聞集團（澳洲）的主席，支配國家、城市及市鎮媒體公司的業務。梅鐸的保守思想，在其公司的報導可見一二。以探討全球氣候問題為例，他旗下的《澳洲人報》和《每日電訊報》大多否認全球暖化的存在，報導時會忽略某些關鍵數據。反之，另一傳媒巨頭Fairfax Media旗下的《悉尼晨鋒報》在環境議題上偏向左派，故在報導中列舉全球暖化的相關數據，包括溫度及海平面的上升幅度，以及極端氣候出現的頻密度等。

我問自己:「是否有政治立場的新聞媒體就不值得看?」我的答案是:「依然要看,而且非看不可。」其實,有所偏好的報導,不等於當中的訊息是偏頗或錯誤。我認為,如果能夠培養對新聞政治立場的敏感度和批判思考,將會對了解任何議題都有所裨益。舉例說,近年報導最多的敘利亞危機,CNN 和 Russian Times 都強調打擊恐怖主義,同意伊斯蘭國 (ISIS) 為最大叛亂組織,亦是維持敘利亞和平秩序的最大威脅。但是,對於阿薩德政權 (Assad regime) 的合法性及軍事措施,兩家媒體存在極大分歧。CNN 認為阿薩德總統落台能解決問題,支持當地反對派抗爭,形容俄羅斯支持阿薩德政權是錯誤決定。CNN 不同意政府軍轟炸反叛武裝組織,認為阿薩德總統並沒有盡保護平民的義務。反之,Russian Times 支持阿薩德政權的合法性,指出美國為敘利亞反對派調派資金與軍備之舉動失敗,原因是伊斯蘭聖戰組織混入反對派,此舉只會助長極端分子的勢力,無助解決恢復敘利亞和平秩序。

　　讀過兩邊的意見,如果不能洞悉報導的立場,大概會對敘利亞危機摸不著頭腦。但是,當明白正反兩邊的立場及論據時,便能對這個議題有較宏觀的看法。其次,閱讀一些獨立新聞也好,因為沒有既定立場,專門報導個別事件,並作仔細分析。這樣,我

便能掌握宏觀及微觀的資料，繼而找來研究該範疇或地區的學術文章，以及參閱國家或國際機構的相關文獻和情報機構的研究文章，好讓自己在議題上建立理論層面的基礎。

在澳洲讀國際關係，自然多關注西方的媒體報導。在這個過程中，讓我發現世界上根本不存在所謂「客觀」這回事。文字作為文化和歷史的載體，本身就能展現一個地方、團體的立場和取態，以至報導一個人死亡，可用上被殺（was killed）、被謀殺（was murdered）、被槍殺（was shot）或被處置（was dealt with）等字眼，帶出其報導目的。我在澳洲讀書之前，曾在港大修讀新聞系。我同意大部分的新聞工作者都受過嚴格訓練，也按照行內一套專業準則辦事。然而，他們在每次選材背後或許都有其政治考慮，以及有其一套價值觀。我不是質疑新聞工作者的專業和努力，報導帶有偏好，不就等於報導不夠公平（fair）、完整（complete）或準確（accurate）。然而，這個現象不存在好與壞，在一篇報導裡追尋客觀亦實屬不切實際，我這說法大概與信奉後現代主義（postmodernism）的學者相符了。

事實上，就一件事看得越多新聞與論述，就越留意到不同、甚至對立的觀點與角度，有時候也越不解，可見要認清事情的來龍去

脈，絕不簡單。現在，每當有國際重大議題時，我都會找來與自己政治立場不一的報導看看，這是一件很有趣的事情。在這眾說紛紜的時代，當個人意見與事實經常被混為一談，懂得懷著批判精神看世界，卻又是另一種思考的訓練了。

10

感情世界

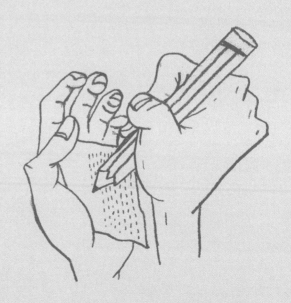

謝拉特式愛情

校長：

　　上一次回港跟朋友聚舊，分享生活近況，很多人問及我的感情事，奇怪我為何依然單身。這樣一問，不知從何談起。今晚，決定透過文字整頓思緒，也趁機聽聽你對感情與婚姻的見解。

　　談自己之前，我想向你介紹一個人。他名叫謝拉特，是位足球界無人不曉的英籍傳奇球員。如果要數世界各大球會的代表人物，曼聯有傑斯，皇家馬德里有卡斯拿斯，那麼謝拉特就是利物浦的代表。從1998年起效力利物浦17個球季，出場691次，攻入180球。這些年來，他都是球會的中流砥柱、球迷的寵兒，被球壇讚譽為「神奇隊長」。

　　可是，利物浦從沒有為這位隊長帶來一個聯賽冠軍。在謝拉特職業生涯最光輝的歲月，很多歐洲班霸開出天價向他招手，他

大可加盟其他球隊，爭取更多榮耀。但是，他對利物浦的愛與忠誠，超越了名利的誘惑，逐一否認了轉會的傳聞。

謝拉特為了把自己最好的一面獻給球隊，毅然在2014年退出英格蘭國家隊。同年暑假，34歲的他等待著球隊的新合約，準備用職業生涯僅餘的歲月為母會效勞。在自以為計劃美滿之時，他卻發現當時的領隊羅渣士對續約一事毫不上心。直至11月，他終於接獲續約的安排，卻同時被通知未來不會再是球隊的重心。

隨著坐冷板凳的時間日多，他肯定自己已非昔日球隊的天之驕子，且預期面對被球會放棄的一天，於是萌生和平分手、拒絕續約而離隊的念頭。可幸的是於35歲的高齡，他依然得到歐洲列強的垂青。不過，他最終選擇在美國落腳，原因是不願在歐洲賽事中碰上利物浦。去年暑假，他最終離開了利物浦，加盟美國球隊洛杉磯銀河。在美國，他備受球迷愛戴。然而，我們都知道離開利物浦是他無可奈何的決定。

「謝拉特式愛情」，大概是人生的寫照。

被深愛的利物浦放棄了，謝拉特自覺年紀不小，為了組織家庭，總得積極生活。於是，他退而求其次，選擇了崇拜他已久的洛杉磯銀河。也許，謝拉特決心在未來好好愛護洛杉磯；然而，

凝視身邊的洛杉磯，他又想起了最愛的利物浦。在新書裡，他這樣說：「我依然渴望進步，爭取更多榮耀。我會將一切奉獻洛杉磯，但是，離開了利物浦，感覺也再不一樣了。」對他而言，離開母會比無法贏取聯賽冠軍更無力，也更無奈。謝拉特與洛杉磯的關係，就像告訴我們擁有愛情，不就等於擁有幸福。

生活裡，我們有太多事情不能掌握，特別是愛情。有多少人發現自己踏入了適婚年齡，為了組織家庭，找個認識不久的人，便結婚生子？在理想的愛情及殘酷的現實之間，有多少人沒有向後者屈服？常聽別人說，男人最喜愛的另一半，都不是枕邊人，那個她往往只得記掛在心頭。最美麗動人的，都只在回憶和虛幻裡。現實的愛情生活，有多少人不曾感到無奈、無力，然後作出妥協？謝拉特式愛情，道出了多少人的故事？

校長，目前我21歲，接著的幾年會繼續在大學和實習中度過。23歲時大學畢業，之後用一年考獲執業資格，25歲起正式投入社會工作。今天晚上，我問自己未來想過怎樣的生活？

自問從來都是依個人意願做事的人，而儘管我的胸襟壯闊，但能夠進入我內心世界的那扇門卻很小。所以，與其隨便找個伴侶，合不來苦了彼此，倒不如聆聽本心，探索自己的精神世界。

人與人的互動很微妙，每次認識新朋友，內心總有道聲音告訴我她是否適合。我不敢隨便，也無法隨便，或許是源於一份恐懼。害怕當兩人相擁時，彼此的精神世界卻無法接通；緊緊相依，卻是最遙遠的距離。

一個人沒有不好，至少比找個不合適的人好。找個伴侶，不需要太多哲學、太多理論。人本來就是複雜的動物，每個舉動背後都有無法量化的原因，又或者，根本不存在任何原因，一切純粹偶然而生。緣份這個概念其實很入世，也很有智慧，既道出人無法徹底掌握自己人生無奈的事實，也教會我們要看淡得失，懂得隨遇而安。聖經說：「凡事都有定期」，亦印證了人類在世上的局限。前人留下的智慧叫我要虛心等待生命美好的事，安然接受人生的悲苦離別。我會繼續積極過生活，接觸不同的人，然後安靜地聆聽自己的內心。

女朋友這個問題，其實沒甚麼好回答，就是未遇見。我知道：不用急，也不要急。

最珍貴的禮物

誦軒：

你想我分享感情與婚姻的見解，卻用足球明星與球隊的關係作引子，確實有點出人意表。你說你總自覺年輕，目前沒必要擔心兒女私情，這是你的個人選擇，我也認同不必著急。

事先聲明，我並非甚麼戀愛專家，更非婚姻輔導員，我只能從一個五十多歲、結婚27年、只有一個家庭的丈夫，以及兩個女兒的父親的角度說幾句。

愛是人生最珍貴的禮物，不能輕易付出，亦不能隨便接受。在我這段婚姻以前，我也拍過一次拖。女孩子是很優秀的大學生，性情、外貌和信仰都與我匹配。我們在港大認識，雖然讀不同學系，但一起唱民歌，一起看電影，一起談閱讀，十分投契。然而，因著喜悅但沒有戀愛的感覺，最終還是悄然分開。

縱使是和平的分手，沒有吵架，沒有眼淚（起碼不是放聲大哭那一種），但三十年後，我收到她從澳洲寄來的電郵，心情仍然忐忑不安。我還是覺得對她有所虧欠，好像打破了一件美麗的藝術品，永遠不能彌補。自分手後，我對身邊出現的女生（其實大多數是醫生或護士），都不敢輕舉妄動。

愛好像每天吸取的空氣，也像我們的健康。擁有的時候不覺得甚麼，但失去了或暫別時才感珍貴。在我和太太結婚後不久，我便和她異地而處。原因是當時我在加拿大讀博士學位，她得回港工作及完成她的專科考試。在婚後三年間，每隔六個月，我們才相聚一星期，或是我回港，或是她來加拿大，還有一次我們相約在太平洋中間、美麗的夏威夷群島會面。你能想像箇中的滋味嗎？那時我心裡常哼著的歌，是著名美國歌手Paul Young的 "Every Time You Go Away"，歌詞裡一句 "Every time you go away, you take a piece of me with you"，最打動我的心。每次相見時的快樂和再次分離時的不捨，真的讓我瘋了。我還記得有一次買了這樣的一張咭送給她，上面寫著："Sometimes when one person is missing, the whole world seems depopulated"。

愛是風雨中的支柱，是巨浪中的浮標，是人生荊棘滿途的避難

所。那是結婚15年後的事了——2003年，香港被一個從來未知的傳染病入侵，就是我們後來叫「沙士」的呼吸道感染症。在爆發期間，我和醫院的同事日以繼夜地工作，漸漸發現自己的保護工具不足，也不清楚甚麼算是足夠的保護，因此大家都決定留在醫院宿舍，晚上也不回家，對我們的家庭構成莫大的壓力。雖然太太也是醫生，但仍難以接受家人在外與惡菌搏鬥，自己只能透過電視看見丈夫在工作，把家庭完全放下。但愛與信任，促使我的妻子和女兒每天用電郵（當時沒有Facebook、Skype或WhatsApp，電話亦很難接通）給我支持和打氣，直至危機過去。這份風雨中的愛，對我來說是黑暗中的明燈，指引我走每一步。你説，真正的愛情重要嗎？

「愛是恆久忍耐，又有恩慈⋯⋯不計算人的惡⋯⋯凡事包容，凡事相信，凡事盼望，凡事忍耐。」聽過這聖經名句吧！你説愛情是浪漫的，不錯。但別以為有了愛情便天天浪漫，夜夜陶醉；燭光晚餐、玫瑰花和心太軟不會天天如是。現實是當兩個來自不同背景、不同家庭、不同性格、不同學歷、不同工作、不同理想、不同愛好的成年人，一天到晚生活在一起，問題可就多了，如習慣有差異、用錢策略要商量、教養子女的哲學有別、信任度不足⋯⋯

有時我想給自己的愛人多一點空間，或是各自修行一會，好讓大家更珍惜對方。

還有，當你的老伴年華已去、記憶漸衰，更壞的是久病在床，連吃飯、洗澡和如廁都要照顧時，這才是愛情的考驗。我和太太都算是知識分子，遇到不愉快的事，從不會大吵大鬧，更不會把家醜外傳。冷戰是我們常用的攻略，就是不跟對方說話，貌合神離；有時更離開數小時，甚至數天音訊全無，以懲罰對方，但是怎樣不高興，還是裝著無風無浪，一切如常。這樣的問題，在結婚初期特別多。幸好相處多年，互相配合和諒解，磨擦的日子漸漸減少。原來愛除了浪漫，還需要很多很多的忍耐、包容、相信和恩慈，真的不是容易的。

誦軒，說到這裡，會不會潑了你一盆冷水？愛情不是那麼簡單的一回事，能找到一個與你志趣相投、甘苦與共，在你得意時為你高興、困難時為你打氣、憂傷或潦倒時坐在你身邊的人，是你一生的運氣。你說你心裡的那扇門很細，但當你遇上真愛情，她總能穿過，進入你的內心。

到底愛是甚麼？John Denver 的名曲 "Perhaps Love" 略說一二——

Perhaps love is like a resting place

A shelter from the storm

It exists to give you comfort

It is there to keep you warm

And in those times of trouble

When you are most alone

The memory of love will bring you home

Perhaps love is like a window

Perhaps an open door

It invites you to come closer

It wants to show you more

And even if you lose yourself

And don't know what to do

The memory of love will see you through

Oh, love to some is like a cloud

To some as strong as steel

For some a way of living

For some a way to feel

And some say love is holding on

And some say letting go

And some say love is everything

And some say they don ' t know

Perhaps love is like the ocean

Full of conflict, full of pain

Like a fire when it ' s cold outside

Or thunder when it rains

If I should live forever

And all my dreams come true

My memories of love will be of you

11

人生的無奈

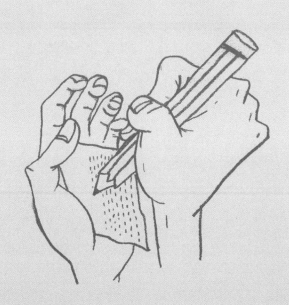

當這一秒已成過去

校長：

　　1月是母親與我的生日月份，每年到了我倆的生日，都讓我有點反思。

　　母親的生日，總讓我覺得糾結。孩子是母親生命裡的主角，不論是剛讀小學的、大學畢業的，抑或是已經出來謀生或成家立業的，孩子簡單的一句說話，母親都放在心頭。平日她每天比我早起床準備早餐，晚上又為我打點一切。日子久了，每逢她生日，我和弟弟總希望為她做些事，讓她感受自己才是今天的主角。但每當算一算她生日後的年歲，心裡便倍覺矛盾，又想這天遲些來。

　　21歲生日（Big Birthday）是西方傳統的大日子。那一天，我雖然過得簡單，卻感受深刻。晚上切蛋糕時，我雙手捧著蛋糕，親戚於不同方向手執相機跟我拍照。那一刻，我留意到父母只站在

旁邊，欣慰地微笑著，那是一種含蓄的喜悅——我知道她比我更開心，也更感觸。閉上雙眼許願時，心裡一份期盼，一陣感動。吹過蠟燭後，聚會曲終人散，當下的快樂就只能留在當下，心裡突然想到3月父親要回港工作，與我分隔異地，於是呷一口香檳，拋開顧慮，走到雙親前給他們一個深情的擁抱，感謝他們不平凡的付出。

談到人生的離合，不禁想起遠方的外公外婆。自小開始，我就與外公外婆十分親近。母親總會相約姨姨與舅舅在週末到外公家吃飯。圍住飯桌，我一邊吃著外公最拿手的潮州炒麵，一邊聽著他們談家族史。他們都是潮州人，在農村裡長大，經歷過戰火，體會過生離死別，來港後在刻苦中養育六個子女，兩老感恩滿懷，談得津津樂道，聽得我不願離席。晚飯後，總愛與外公下棋。他十分「奸詐」，經常自訂規則，猶記得我很著急，不容許外公亂下棋子，還有他咧嘴大笑的模樣。童年歲月滿載了兩老夾雜鄉音的廣東話，還有他們祥和的笑聲。

及後，即使學業繁重，下課後不是到補習社，就是與朋友一起溫習，我們還能堅持每個星期六到兩老家吃飯。外公雖然年紀老邁，但頭腦依然清醒。他知道孫兒忙碌，總會找藉口聯絡。晚

上，我不時接到他的電話，說不知為何按錯了電視頻道。由於我們家的電視型號相同，我便放下功課，拿著遙控，彷彿捉著他的手，找出箇中的問題。外公知道弟弟熱衷於養殖觀賞魚，家裡的魚缸不單有育嬰區，且有隔離病魚的設備。他便不時相約弟弟週末到金魚街打發時間，又與弟弟交換心頭好。

這些片段結集起來，是一部漫長的窩心電影。今天，我和弟弟因學業緣故，要與兩老暫時分離。往事如煙，想捉也捉不住了，從此只能隔著螢幕，向兩老賀壽、拜年，亦唯有透過電話向他們噓寒問暖，分享生活點滴。這部屬於我們與外公外婆的電影，只能在平日的電話與學校假期中延續，拍攝進度十分緩慢。

也許值得欣慰的，是在我離港前數月，有次下課，我特地到旺角買一部智能手機，教外公使用 WhatsApp 的家庭群組。我看著外公從不懂操控，到後來學會點閱家人發來的照片，實在十分欣慰。現在每次通電話，兩老總告知看到我上傳的照片，還會稱讚母親很會做飯。我在想，如果你倆在旁，飯菜必定更美味。如今，每次放假回港，我會抓緊機會安排與兩老相處。猶記得上次回港，與外公到小巴站附近的快餐店吃他最愛的漢堡包後，兩爺孫走到火車站上蓋的商場逛街。我為他挑了一雙球鞋，他很喜歡，回家後

馬上跟外婆分享喜悅，我心想：「以後你穿上它，就如同有我相伴了。」那次假期，我們早上到酒樓飲茶，晚上回家看電視，簡單而美好，就好像回到童年時一樣。

親情以外，我亦想起中學的友情，曾跟最要好的同學一起瘋狂，一起談理想，一起馳騁運動場，很精采。期間，我又認識了很多人，也參與過林林總總的活動和比賽；不過，要說最珍惜的，就是平凡的上學天。中二開始，我與七位同學越來越投契，平日一起到飯堂吃午飯，放假時一起出外打桌球、踏單車。中三過後，由於學校因應新高中課程而以科目分班，加上我們八人的興趣與能力各異，於是不能再在同一個班房上課。我便跟他們說：「每年我們都要慶祝各人的生日，學校的陸運會總要有我們的合照，而且一個都不能少。」後來，我當選了普通話學會主席，找來大家當委員，又多了藉口與他們見面，延續這份情誼。

還有，中三那年暑假，我與化學班的其中一位同學閒聊時，突然忽發奇想，要為我們八人自立門戶，在面書開設群組，更取了個無聊的名字。這好像是一件幼稚的事，但我卻要感恩當時我倆懂得未雨綢繆，藉此維繫一班好友至今。兩年前，臨離港前，我更給他們寫了一封信，有這樣幾句——

我很相信緣份。其實，我們各有不同的性格，卻能夠走在一起……實在感謝你們容許我成為你們這幾年生活的一部分，希望未來LMS會是各位常掛在口邊、記在心頭的一班傻人。請永遠記住我們一起瘋狂的青蔥歲月，因為那些日子會是我們最嚮往的，也最難在外面找到的。將來我們會有新朋友，但兄弟就是那個你有事第一個會走出來的人。

赴澳以後，一路很關心他們的近況。有次跟某位朋友聊天，聽說大家今非昔比了。升上大學以後，各人都有自己的前程。我們都在不同地方讀書，身處香港、美國、英國和澳洲。先不說人改變了，見面時間就肯定大減。會常見的，也從以往的八人，減至僅餘四人，唯有在面書看看舊照片、校園的片段和旅行的趣事。人生大概如此，從前以為只要努力就能把所愛留住，今天卻只能學會安然接受。詩人早已看透，人有悲歡離合，此事古難全。上星期跟他們談到終於跟上司請假了，7月可以留港兩週，原本心裡滿是興奮，但看到螢幕上的回覆卻頓時有點失落。在英國的，因要出席畢業禮，在我離港前一天才回港。另一位則在我回來數天後，便要到內地參與大學的地理考察課程。本來想跟四位再往海

旁促膝談個痛快，看來還是要等到今年12月了。不過，想到上次留港三週，跟他們見面不下十次，也曾八人相聚，就會提醒自己：在殘忍的現實裡，能夠認識跟自己同樣重視這份友誼的兄弟，也該感恩了吧。

人生有時是無奈的，美好的時光總難留住。也許，這不是最可怕；最可怕的，是不懂珍惜。當我還在回想昨天，當下這一秒已成過去。雖然我不能夠把童年的片段重演，不能夠永遠跟所愛的人一起，但我能夠永遠把握當下。所以我說，人生怎不無奈？但這種出於愛的無奈，如果能夠轉化為一種正能量，每天積極生活，也實在無礙。能說的時候就說，能見的時候就見，能愛的時候就愛吧。

古今多少事，都付笑談中

誦軒：

最近聽過一首很禪的歌，叫《醒來》。

從生到死有多遠？呼吸之間

從迷到悟有多遠？一念之間

從愛到恨有多遠？無常之間

從古到今有多遠？笑談之間

從你到我有多遠？善解之間

從心到心有多遠？天地之間

當歡場變成荒台

當新歡笑著舊愛

當記憶飄落塵埃

當一切是不可得的空白

人生是多麼無常的醒來

人生是無常的醒來

人生是無常的醒來

　　沒想到你這麼年輕，竟然對人生無常有那麼深刻的體會，還發出一些不像你那年齡該有的嘆息。現讓我以年過半百的經歷，來與你分享吧。

　　不錯，人生美好的事總是不能留下。我的外公外婆是最疼我的長輩。我在他們的手臂上長大；外婆抱著、牽著我上幼稚園及小學，外公每年考試獎我木顏色筆和燒鵝髀。他們的慈祥、微笑、關愛，都是我一生不會忘懷的珍貴記憶。所以，到他們年老患重病、離世，我心如刀割的情景仿如昨日。至於我的父母，年輕時為口奔馳，為家庭和兩個孩子的教育和成長竭盡心力，如今二人亦老了。從前健步如飛的老父，如今要靠拐杖和家人攙扶，母親的腰背一天比一天的彎曲和縮小。我們亦只能無奈地嘆息，心裡在想，不知道他們還可以留在我們身邊多久。還有，我兒時最要好的朋友明仔，因患癌病早逝。我仍記得以前一起打波子，一

起跳飛機，一起吃雪條，可惜如今這些時光不再。而中學及大學的同學，最要好的天各一方，各有各的事業家庭，如今陌路相逢只懂談談自己的工作和子女，從前的對酒當歌、胸懷大志、肝膽相照，只剩下片片回憶。

　　我還想到自己的景況。頭髮和眼睛告訴我青春不再，血壓和體力亦不斷地警惕我下一次躺在病床上的可能是自己；兒女長大了，都有自己的事業和家庭了；望著他們兒時生日會、切蛋糕吹蠟燭的照片，驚訝光陰飛逝。當有些同學或同事告知他們最近退休了，去旅行、學高球、打太極、尋美食，我也會想：這就是人生了嗎？這樣的日子，衰老和等死的過程是難免的嗎？怎樣面對年老無助和孤獨的生活呢？當我回首一生走過的路，我有後悔和遺憾嗎？靜靜告訴你一個秘密：近年我看見秋風落葉，白雪紛飛，禁不住有點愁緒，有點無奈，默然想起這首歌詞，令我有一番醒覺。如歌中所云：雖然從生到死，只有呼吸之間的距離；雖然從迷到悟，只有一念之間的差異，但看法與概念卻可以十分不同。我們一生經歷的愛與恨，確是無常，甚難觸摸，更難預計。無論如何不捨，也許憤慨萬千，然而這一切都會過去。古人如是，你我也如是。何必執著，何必哀傷。

　　誦軒，你我萍水相逢，年紀相差甚遠，卻一見如故。每逢把酒邀明月，不論談及天下大勢、香港政局，你的學業前途或我的困惑重擔，雖然觀點有點不同，但投契甚歡。這乃是你口中的緣份，我相信是上天的安排，尤其是你我咫尺天涯，香港與悉尼相隔千里，然而從你那邊到我這裡有多遠？原來只是善解之間。你和你的父母、外公外婆、同學摯友，你與他們不必永遠在時空之間共處；從心到心，只有天地之間。

　　你記得我說剛出道時，作為一個寂寂無名的年輕醫生，遇到的挫敗和挑戰，連自己也差點不相信自己的故事嗎？你知道2003年沙士期間，我和醫院同事經過生死掙扎，遭受各種批評，流了多少淚水嗎？你有想過當你一手培育的學生，對你說他再不願意跟隨你作業，以免影響他的發展，有多令人心傷嗎？你明白2014年佔中事件中，我和學校教職員及同事經歷的擔憂和承受的壓力嗎？我只能說，當時間飛逝，當一切過去，是非仍然難辨，成敗轉頭空。

　　過往幾十年一路走來，我也愛過，我也恨過；人生的高潮，生命的低谷，我也走過；成功的滋味，失敗的苦澀，我也嘗過。今天的我，都是那些經歷塑造出來的。誦軒，你還年輕，要好好讓風雨給你磨練啊！

還有，縱使我的身體一天比一天不中用，縱使我的腦袋一天比一天不清晰，我的家人、同事、朋友、我照顧過的病人、我教授過的學生，在他們的腦海裡，我想還有一點回憶。

　　假如《醒來》這首歌對你來說太禪的話，讓我以《三國演義》開首篇的〈臨江仙〉和你分享：

滾滾長江東逝水，浪花淘盡英雄。
是非成敗轉頭空。
青山依舊在，幾度夕陽紅。
白髮漁樵江渚上，慣看秋月春風。
一壺濁酒喜相逢。
古今多少事，都付笑談中。

12

新的一頁

前路尚未知

校長：

　　《筆遇》於2016年7月初版印行，眨眼過了一年多。相比起還在寫此書時，今天我對自己的認知有點不一樣了。畢業將至，有感前路迷茫。這大概正常不過吧，畢竟生命並非一劇之本，前面的未知之數從來不由人主宰。2018年是我在法學院的最後一年，為了專注學業，我甚至辭去了工作。我想，假如我們如今才有意合寫此書，因為學業與生活壓力的關係，我定難找到合適的思緒寫書，恐怕完稿無期；況且生活每天都在變化，對我們曾討論過的議題，又或許會有不同的詮釋與感受了。

　　在這一年多後，你也悄悄地打開了人生的另一章節。去年，在中文大學校長任期未滿之際，你毅然選擇回到醫學院的研究與教學崗位。今天，你終於再不用因為校長的身份而承受曾經的壓

力（雖然我估計不少人像我一樣依舊稱呼你為校長）。記得在佔中發生以後，縱然身在海外，我仍感受到香港政治環境氣候的變化，你的工作亦從此變得更艱鉅。回顧擔任中大校長近八年間，你跟學生經歷過融洽的相處，但也有面對不同意見、甚至備受批評的時候。今天，你如何看待過去一年？卸任後，有沒有說話想要跟大家分享？

今天的香港，政治氣氛依舊濃烈。不同的政治風波發生以後，更能體會到社會運動的局限。面對香港的政治局勢，作為過來人，不知道校長你對年輕人有沒有一些寄語？隨著內地與周邊地區的急速發展，香港年輕一輩的競爭力難以與從前相提並論。面對出路、置業及事業發展等問題，我們又該如何自處？

煙雨任平生

誦軒：

　　時間過得太快，一轉眼我們相識已四年了。從當天畢業禮台上致辭的領袖生，到今天快大學畢業的法律專才；從當天帶領大學的校長，到今天回到教室和病房的醫師，我們都走過不易走的道路。

　　個人方面，你的出外留學為你打開不少窗戶。認識新朋友，尋找新機會，面對新壓力，也碰上新挑戰，能不成長嗎？當天，你覺得遠赴海外，離別你熟悉的朋友、家人和城市，有點不是味兒，但回首看來，這不是命運背後的祝福嗎？所以人生要走的路，雖然迂迴曲折，但只要沉著氣，一步一步的小心走，便會越走越見光明。

　　我嘛，也總算走完另一段路，完成了另一個使命，打開了生命

中的另一章節。差不多八年的校長工作，見識了不少，但也感慨良多。如你所說，今天的香港，政治氣氛濃烈，校園不時成為政治對壘之地。社會的公義、貧富的懸殊、民主的訴求，還有身份的認同，在我們的城市以至課堂成為激烈的爭議。學生的抗爭、佔中的序幕、輿論的批評，都成為校長和老師們沉重的壓力。我不時在想，到底我還勝任這份校長的工作嗎？

還記得2014年9月28日晚上，我懷著沉重的心情，在個人網誌上寫上：「朋友們、同學們、孩子們，請求你們立即撤離！」之前一天的週六下午，看著上百名公民廣場的示威人士一個一個被帶走，他們當中不少是學生；看到很多學生領袖疲倦不堪、面容憔悴蒼白，無助地等待被帶走，我不禁熱淚盈眶。星期日傍晚，看到中環集結的群眾被催淚彈驅趕，其中很可能有我們的學生，令我心焦如焚。當時我只能說一句：「同學們，是時候回校、回家了。我們都在校園、在家裡等著你。」

佔中確是香港歷史的重要一頁，也是我人生之分水嶺。事件過去以後，香港政治生態不再一樣，我和學生的關係也不再一樣。在媒體網上，在大氣聲中，學生不時會批評我，說我放棄原則、失去風骨。他們認為我扼殺言論自由，向建制屈膝；有時網

上苛刻的用詞、不盡不實的理據，都使我痛心莫名。說到底，他們是我疼愛的學生，是社會的未來，是我們的子女。但在表達忿怒和無助的過程中，有些時候是失去了理性，也失去讀書人應有的「約禮」。

今天我只盼望這一代的年青人，不要因今天世局的紛亂而凡事看淡，不要因前景的不濟而灰心喪志。歷史自有它的興衰，再艱難的路，我們都走過。悲觀是不能自救的，胡適先生當北京大學校長時，也正值局勢混亂、年輕人熱血沸騰之時。他對當時學生說：「吶喊是不能救國的，口號標語是不能救國的，責人而自己不努力是不能救國的。」易卜生（Henrik Johan Ibsen）對他的青年朋友說的一句話：「你要想有益於社會，最好的辦法，莫如把自己這塊材料鑄造成器。」且看古今風流人物，不是都在亂世之中走出困局，為自己和人群帶來希望和幸福嗎？如今他們一一都已成歷史，成為過去，今天的世界是屬於你們的。社會和國家需要你們盡最大的努力，所以你們必須先把自己這塊材料鑄造成有用的東西，方有資格為社會和國家努力，為自己謀幸福。

今天，我從校長的位置下來，但我對年輕人的感情不減，對年輕人的寄望亦不減，我仍是選擇相信我們的下一代是充滿理想、

有正義感、有創意、有活力的。就像你，誦軒，你要把學習的成果，帶回來貢獻社會，貢獻香港和國家。

我很喜歡蘇軾的〈定風波〉，也許是我今天最好的寫照：

莫聽穿林打葉聲，何妨吟嘯且徐行。

竹杖芒鞋輕勝馬，誰怕？一簑煙雨任平生。

料峭春風吹酒醒，微冷，山頭斜照卻相迎。

回首向來蕭瑟處，歸去，也無風雨也無晴。

誦軒，我們人生的理想和哲學，不應隨著世局的轉變有所動搖；我倆的友誼，亦不會隨著崗位和年日有所改變。盼望以後，我能以其他方式或媒介，與你再「筆遇」。

結　語

畢遇？筆遇

　　緣份是一種非常奇怪的東西。我和誦軒差不多沒有一樣相同的地方，但卻一見如故。

　　他是九十後，我的年紀足夠做他父親。

　　他是足球迷，我愛好羽毛球。

　　他喜歡文學、法律，我讀的是生物、醫學。

　　他就讀悉尼大學，我任教中文大學。

　　他愛陳奕迅，我只懂張學友。

　　世上還能找兩個更不可能做朋友的朋友嗎？

　　畢業典禮的相遇，開啟了奇妙的旅程。自上任大學校長以來，我參加過不下七十間學校的畢業典禮，作台上頒獎嘉賓，除了要向

全體師生作訓勉，總要聽聽由畢業生代表演說的致謝辭。耳熟能詳的謝辭，本來毫無新意，但那一天，誦軒的演講卻打動了我。

　　一個十來歲的年輕人，是學校的總領袖生。在台上，他以最真摯的感情，答謝培育他十年的母校，並以最誠懇的說話，向老師和校長、甚至校工致敬。還有，他以最動人的眼神，望著台下的家人，向父母表達無言感激。我深受感動。我相信一個會感恩的年青人，才是社會未來的領袖。

　　畢業典禮的偶遇，促成筆尖上的再遇。從書信的往來，到面書的閒談，我和誦軒交往了前後四年多，分享了兩代人的經驗和看法。奇怪的是，我們的交流沒有半點代溝，絕對不是教誨，更談不上甚麼大道理。原來兩代人坦誠相處，彼此放下身段，可分享的真不少。從兩地文化差異、運動與人生、愛情與友情、生存與死亡，我和誦軒都毫無忌諱地分享。

　　誰說這代年輕人是廢青、不求進取的蛀米大蟲？誰說一代不如一代？我說只是一代不同一代。誰說年輕人浪費社會資源？我說是成年人太現實，太經濟掛帥，太市場主導。誰說學校教育失敗？我說家庭教育未曾配合。

　　我鼓勵做父母的、當老師的，還有當權為政的，先放下個人成見，聽聽年輕人的聲音。我更鼓勵一天到晚坐在電腦前只顧上網的、總放不下手機的，拿起你的筆桿，把最珍貴的字句，寫給你最愛的人，寫給你的子女，寫給你的學生，寫給你的父母和你最珍惜的人。與他們筆遇吧！

沈祖堯